성경을 아는 지식

성경을 아는 지식

R. C. 스프라울 지음
길성남 옮김
제임스 I. 패커 추천

좋은씨앗

성경을 사랑한 평신도이자

나의 아버지인

로버트 C. 스프라울 2세께

이 책을 바칩니다.

3장 해석학: 해석의 과학

KNOWING SCRIPTURE

4장 성경 해석을 위한 실제적 규칙들

KNOWING SCRIPTURE

5장 문화와 성경

6장 성경공부를 위한 실제적 도구들

성경을 공부하도록 불을 붙이는 책

제임스 I. 패커

내가 만일 마귀라면(이것은 단지 가정일 뿐이다), 사람들이 성경을 탐구하지 못하게 만드는 것을 첫째 목표로 삼을 것이다. 나는 성경이 하나님의 말씀일 뿐 아니라 하나님을 알고 사랑하고 섬기도록 사람들을 가르친다는 사실을 알기에 가능한 모든 수단을 동원해 성경을 영적 함정들과 가시 울타리들과 덫으로 둘러치고, 사람들을 위협해 쫓아버릴 것이다. 조나단 에드워즈Jonathan Edwards, 1703-1758는 이 점에 대한 나의 의도를 완전히 간파했다. 그는 나에 대해 다음과 같이 말했다.

> 마귀는 하나님께서 위대하고 영원한 법칙으로 주신 거룩한 말씀에 사람들이 호의를 갖게끔 놔두지 않을 것이다. … 사람들을

> 미혹시키려는 오류의 영이, 오류 없는 법칙에 대해 고상한 견해를 갖게 하고 그것을 깊이 생각하게 하며, 또 그것과 친숙하게 만들려고 하겠는가? … 마귀는 거룩한 책 성경에 대해 늘 무서운 악의와 적개심을 보여 왔다. 그래서 성경의 빛을 끄려고 자기 힘으로 할 수 있는 모든 일을 해 왔다. … 지금도 마귀는 여전히 성경에 적대적이며 그 안에 담긴 모든 말씀을 증오한다.

나(마귀)는 에드워즈의 말이 진실임을 입증하기 위해 날마다 애쓰려고 한다.

어떻게 하냐고? 우선 모든 목회자들이 성경을 설교하고 가르치는 것에서 마음을 딴 데로 돌리게 할 것이다. 그리고 이 고대의 책을 직접 공부하는 것은 번거로우며, 현대의 그리스도인들이 하지 않아도 손해 볼 것이 없다는 생각을 널리 확산시킬 것이다. 또 나는 사람들로 하여금 성경 진리와 그 적실성, 건전한 양식과 진솔함에 대해 불신을 갖게 만들 것이다. 그래도 여전히 성경 읽기를 고집하는 사람이 있으면, 성경 읽기의 유익은 성경이 실제로 말하는 것에 주의를 기울이는 데 있지 않고 성경을 읽음으로써 고상하고 평온한 느낌을 얻는 데 있다고 생각하도록 유혹할 것이다. 나는 어떤 희생을 치르더라도 사람들이 지성을 적절히 사용해 성경의 메시지를 파악하는 일이 생기지 않도록 막을 것이다.

내가 만일 마귀라면 지금까지 이룬 진전만 놓고 보더라도 크게 만족할 수 있을 것이다. 하지만 J. I. 패커의 친구 "R. C."(스프라울의 이름. '붉은 십자가'Red Cross를 의미할 수도 있음 – 역자주)가 쓴 이 책을 보고는 결코 기뻐할 수 없다.

개신교 신학은 성경과 관련해 한 세기 이상 마찰을 겪어왔다. 최초로 몰아친 폭풍의 중심은 성경의 영감과 그에 따른 무오성의 문제였다. 그러다가 80년 전에는 논쟁의 주제가 계시의 문제, 즉 이른바 오류가 있는 성경fallible Scriptures을 통해 하나님께서 자기 뜻을 전달하시는 방법과 그 내용에 대한 것으로 바뀌었다. 오늘날에는 성경 해석이 핵심 관심사가 되었다. 과거에 성경은 참되지도 않고 믿을 만하지도 않다는 결론을 내린 바 있는 주관주의가, 오늘날에는 그것 — 그들이 말한, 일관성도 없고 명확하지도 않다는 성경 메시지 — 을 토대로 성경을 해석한다. 이런 해석은 혼란스럽고 어지러운 결과들을 초래했다. 이런 상황에서 스프라울 박사가 열의를 갖고 성도들을 위해 집필한 성경 해석 입문서는 환영 받고도 남을 만하다.

이 책이 지닌 특징은 무엇인가? 이 책의 명료함과 상식, 탁월한 자료 사용, 넘치는 열정 등은 저자가 좋은 전달자 정도가 아니라 이 일에 최적격임을 입증한다. 성경은 저자를 흥분시키고 저자의 흥분은 독자들을 감염시킨다. 그것을 맛보고 체험하라!

성경 연구와 관련해 스프라울은 독자들이 성경을 연구하고 싶은 마음을 갖게 만들 것이고, 또 성경을 연구할 수 있도록 준비시켜 줄 것이다. 이런 종류의 책이 이보다 더 큰 미덕을 지닐 수 있겠는가? 물론 해석학에는 이 책의 범위를 넘어서는 전문적인 사안들이 있지만 해석학의 기본 요소들은 이 책에 모두 포함되어 있다. 또 이 책에서 저자는 성경 안에 포함된 하나님의 교훈에는 객관성('거기 있음'There-ness)이 있으며 그 교훈을 이해하고 적용하는 방법에도 합리성이 존재함을 건실하게 강조한다. 그리스도인 독자에게 이처럼 유익한 책을 추천하는 것은 나의 기쁨이자 특권이다.

최근에 우리는 성경에 대한 새로운 관심이 많이 생겨난 것을 볼 수 있다. 신정통주의 신학*이 교회들로 하여금 성경을 진지하게 연구하도록 도전한 이래, 교회 안에는 성경의 메시지를 이해하고 그것을 우리 세대에 적용하려는 관심이 높아졌다. 그러나 이러한 새로운 관심과 함께 혼란도 일어났다. 성경 해석의 근본 원리들에 관해 기독교 학자들 사이에 합의가 이루어지지 않은 것이다. 학문 세계에서 일어난 이런 혼란은 전체 교회의 삶에도 영향을 미쳤다.

우리 시대는 '평신도 부흥'의 시대처럼 보인다. 가정 성경 공부와 소그룹 친교 모임이 많은 부분 이런 부흥운동과 관련되어

* neo-orthodox theology, 인간의 이성을 성경의 권위보다 앞세운 19세기 자유주의 신학에 반대해 출현한 신학운동으로 칼 바르트 등이 대표적 신학자다.

있다. 많은 사람들이 함께 모여 성경에 관해 토론하고 논쟁하며 의견을 제시한다. 하지만 성경의 의미와 그것을 적용하는 방식에 관해 서로 동의하지 못하는 부분을 자주 발견했는데, 이것은 불행한 결과들을 초래해 왔다.

많은 사람에게 성경은 매우 상이하게 해석될 수 있는 수수께끼와도 같다. 어떤 이들은 성경이란 혼자 힘으로는 결코 그 의미를 이해할 수 없다고 일찌감치 포기한다. 또 다른 이들은 성경이란 마치 독자의 생각대로 모양을 만들어낼 수 있는 일종의 밀납코와 같다고 여긴다. 그런 사람들은 종종 이렇게 결론을 내린다. "당신은 성경으로 뭐든 입증할 수 있습니다."

과연 이런 혼란에서 벗어날 수 있을까? 사방에서 들려오는 서로 일치하지 않는 관점들 사이에서 진지한 독자들을 올바로 안내할 원리를 발견할 수 있을까? 이런 것들이 이 책에서 다루고자 하는 문제들이다.

비록 이와 관련된 많은 쟁점들이 학문적 영역에 속해 있지만 나는 해석학적인 논쟁에는 끼어들고 싶지 않다. 이 책에서 나는 진지한 독자들이 거룩한 성경을 연구하면서 유익을 얻을 수 있는 기본적이고 '상식적인' 지침들을 우선적으로 제공하고 싶다. 성경에 대한 성경 자체의 견해를 따라 이 책은 성경의 신적 기원과 권위를 강조한다. 이런 이유로 나는 성경을 자의적으로 해석하려는 매우 일반화된 경향을 저지하고 균형을 잡아줄 해석의 규칙들을 제시하고자 노력했다. 이 책의 말미에는 성경을 연구하는 초보자나 상급자 모두가 이용할 수 있는 다양한 도구들을 소개해 놓았다.

무엇보다도 나는 이 책이 일반 성도에게 도움을 주는 실제적인 책이 되었으면 한다. 또 그리스도인들이 계속해서 성경을 공부하고 교회에 기여할 수 있게 되기를 소망한다. 부디 이 책을 통해 성경을 더 잘 이해하고, 기쁜 마음으로 인내하도록 격려를 받았으면 한다.

이 책을 집필하면서 여러 분들에게 감사의 빚을 졌다. 특히 원고를 정정하는 데 귀중한 조언을 해 준 데이비드 웰스David Wells 교수께 감사드린다.

R. C. 스프라울

1장
왜 성경을 공부하는가

진지하면서도 부지런하게 성경을 공부하지 않는 그리스도인은 그리스도의 제자가 되기에 부적합하다. 적합한 그리스도인이 되려면, 그리고 하나님의 일에 유능한 그리스도인이 되려면 '나눔 모임'이나 '부흥집회'에 참석하는 것만으로는 부족하다. 어쩌다 한번 하는 것으로는 결코 유능해질 수 없다. 성경을 모르는 그리스도인은 적합하지 않을뿐더러 선한 일을 할 준비도 되어 있지 않다. 실제로 그런 사람은 준비가 되어 있지 않은 까닭에 부적절하다.

왜 성경을 공부하는가? 이런 질문을 하는 것 자체가 이상하고 어리석어 보인다. 성경공부가 필요하다는 것을 확신하지 않는다면 독자들은 이 책을 읽지도 않을 것이기 때문이다. 하지만 아무리 좋은 의도로 시작한 일이라도 일시적인 기분과 변덕으로 종종 무력해지는 법이다. 성경공부도 예외는 아니다. 그러므로 우리는 성경공부를 위한 실제 지침들을 살펴보기 전에 성경을 공부하지 않으면 안 되는 이유들을 살펴보아야 한다.

두 가지 신화

먼저, 사람들이 성경을 공부하지 않는 이유로 내세우는 몇 가지 이유를 주목해 보자. 너무 많이 거론하여 이제는 마치 자명한 것인 양 받아들이는 신화들이 있다. 변명의 전당에서 첫자리를 차지하는 신화는 평범한 사람들이 이해하기에 성경은 너무 어렵다는 생각이다.

신화 1. 성경은 이해하기가 너무 어려워 전문적인 훈련을 받은 숙련된 신학자들만이 다룰 수 있다. 진지한 사람들이 흔히 그렇게 말해 왔다. 사람들은 말한다. "성경을 공부할 수가 없어요. 읽으려고는 시도하지만 그럴 때마다 도무지 이해할 수 없기 때문이죠." 어떤 사람들은 그런 말에 이런 대답을 듣고 싶어 한다. "괜찮아요. 나도 이해합니다. 성경은 정말 어려운 책이죠. 신학 교육을 받지 않았다면 성경을 이해하려고 시도하지 않는 편이 나을 겁니다." 아니면 이런 말을 기대한다. "그래요. 성경은 너무나 의미심장하고 깊고 심오합니다. 말씀의 신비한 수수께끼를 푸는 데 부단히 노력하고 크게 수고하는 것은 정말 칭찬할 만한 일입니다. 하지만 하나님은 아주 모호하고 내밀한 언어로 말씀하셨기 때문에 학자들만이 그것을 이해할 수 있답니다." 우리 대부분은 이런 말을 듣고 싶어 한다. 그리스도인으로서 성경을 공부해야 하는 의무를 저버린 것에 죄책감을 느끼고는 그렇게 양심을 달래고 싶은 것이다.

우리는 이런 신화를 너무나 쉽게 이야기한다. 이제는 너무

자주 반복해서, 이러한 생각은 당연하다고 여긴다. 하지만 어느 정도 교육을 받고 성숙한 성인이라면 누구나 성경의 기본 메시지를 이해할 수 있다. '성경 해석에 관한 시카고 선언'1982을 작성하고 여기에 서명한 학자들은 "성경을 이해하는 데 있어 사람들은 성경 학자들의 전문성에 기대지 않아도 된다"[1]고 선언한 바 있다.

신문이나 인터넷 블로그에 올라와 있는 글을 읽을 수 있다면 누구나 성경도 읽을 수 있다. 사실 나는 성경보다는 신문의 제1면에 더 어려운 단어와 개념들이 등장한다고 생각한다.

신화 2. 성경은 지루하다. (성경이 어렵다는) 첫째 신화를 핑계로 대는 사람들에게 그게 무슨 뜻인지 좀더 설명해 달라고 추궁하면 대체로 이렇게 대답한다. "글쎄요, 저는 성경을 이해할 수 있으리라고 생각합니다만 솔직히 말해, 지루하기 이를 데 없습니다." 이런 대답은 읽는 내용을 이해할 능력이 부족하다는 것보다, 자신은 성경을 읽어서는 재미와 흥미를 느끼지 못한다고 말하는 것이다.

이전에 어떤 기독교 대학의 필수 강좌에서 성경을 가르칠 때 사람들이 성경을 얼마나 지루하게 여기는지를 실감할 수 있었다. 그 대학 학장은 내게 전화를 걸어 이렇게 얘기했다. "우리는 젊고도 흥미를 유발하는 강의를 하는 사람, 활력이 넘치는 방법으로 '성경을 살려낼' 수 있는 사람이 필요합니다." 나는 하고 싶은 말이 목에까지 차올랐지만 억지로 삼켰다. 나는 이렇게 말하고 싶었다. '내가 성경을 살려내기를 바라십니까? 나는 성경이 죽었다는 소리를 듣지 못했습니다. 사실 성경이 아프다는 소식조차 들어본 적이 없습니다. 성경이 숨을 거둘 때 누가 그 자리를 지키기라도 했단 말입니까?' 나는 결코 그 누구를 위해서도 성경을 살려낼 수 없다. 성경은 이미 살아 있기 때문이다. 내가 성경을 살리는 것이 아니라 성경이 나를 살리는 것이다.

나는 성경이 지루하다고 말하는 사람들이 왜 그렇게 생각하는지 모르겠다. 성경 인물들은 활력이 넘치고 독특한 열정이 있다. 그들의 삶은 극적이고, 드라마, 비애, 욕망, 범죄, 헌신 그리고 인간 존재의 갖가지 가능성 있는 측면들을 보여준다. 또 성경에는 책망, 양심의 가책, 회개, 위로, 현실적 지혜, 철학적 성찰이 있고, 무엇보다도 진리가 있다. 어떤 이들이 성경을 지루하게 생각한다면, 아마도 성경에 기록된 소재들이 낯설고 옛것 같아 보이기 때문일 것이다. 먼 옛날, 우리와 멀리 떨어진 곳에서 살았던 아브라함이나 디모데의 삶이 오늘날 우리와 무슨 관련이 있을까? 그러나 성경 역사에 등장하는 인물들은 실제로 존재했던 사람들이다. 설령 그들이 처했던 삶이 우리와는 달랐다 하더라도 그들의 갈등과 관심사는 우리와 크게 벗어나지 않는다.

성경의 명료성

16세기에 성경의 명료성the perspicuity of Scripture이라는 표현을 처음 사용한 종교개혁자들은 실제로 성경의 명료함에 대해 전적으로 확신한 사람들이었다. 이 말은 근본적으로 글을 아는 사람이라면 누구나 성경의 기본 메시지를 알 수 있을 정도로 성경이 쉽다는 의미다. 그렇다고 해서 성경의 모든 부분이 한결같이 명료하다거나, 성경에 어려운 본문이나 난해한 부분이 전혀 없다는 말은 아니다. 고대 성경 언어를 알지 못하고 성경을 주석하는 훈련을 받지 못한 일반 성도들은 성경의 특정 부분들을 이해하는 데 어려움을 겪을 수도 있다. 그러나 성경의 기본 내용은 명확하므로 쉽게 이해할 수 있다. 예컨대, 루터는 성경의 어떤 부분이 모호하고 어렵다면, 다른 부분에서 그에 대해 더 명확하고 알기 쉽게 진술하고 있음을 확신했다.

성경의 어떤 부분들은 너무 명확하고 쉬운 나머지 지적인 자만심이 있는 사람들에게는 모욕적으로 느껴질 정도다. 과거에 그리스도의 십자가 죽음이 구약성경에 등장하는 저주라는 주제를 어떻게 성취했는지에 관해 내가 강의하고 있을 때였다. 갑자기 청중석에 있던 한 사람이 큰소리로 "그건 유치하고primitive 역겨운obscene 개념이군요"라고 말하며 강의를 중단시켰다. 나는 그 자리에 참석한 사람들이 모두 그의 볼멘소리를 들을 수 있도록 다시 한 번 말해 달라고 요청했다. 그가 다시 말했을 때, “예, 정확하게 말씀하셨습니다. 나는 선생님이 선택한 ‘유치한’과 ‘역겨운’이라는 단어를 특히 좋아합니다”라고 대꾸했다. 아담과 하와가 뱀을 만나는 이야기에서 시작해 이스라엘 백성들이 애굽에서 나올 때 하나님께서 애굽의 병거들을 철저히 괴멸시킨 사건과 나사렛 예수의 끔찍하고 잔혹한 죽음에 이르기까지 구원의 전 역사가 유치한 언어로 전달되는 것은 사실이다. 성경은 하나님을 농부에서 철학자에 이르기까지, 아둔한 사람에서 매우 지적인 학자에 이르기까지, 자신의 모든 백성들의 신음에 귀를 기울이는 분으로 계시한다. 하나님의 메시지는 타락한 인간들 가운데 가장 무식한 자라도 이해할 수 있을 만큼 쉽다. 도대체 어떤 하나님이 자기의 사랑과 구속을 극히 전문적인 용어와 심오한 개념으로 계시하여 단지 전문적이고 탁월한 소수의 학자 집단만이 이해할 수 있게 하시겠는가? 하나님은 유치한 존재에게 말씀하시기 때문에 유치한 용어를 사용하신다. 동시에 성경에는 가장 예리하고 박식한 학자들이 평생토록 연구에 골몰해야 할 정도의 심오함이 담겨 있기도 하다.

만일 ‘유치한’이라는 단어가 성경의 내용을 묘사하는 데 적절하다면, ‘역겨운’이라는 단어는 더 그렇다. 성경에는 모든 역겨운 죄가 명백하고도 솔직한 언어로 기록되어 있다. 그리고 십자가보다 더 역겨운 것이 어디 있겠는가? 십자가는 우주적 차원의 역겨움이다. 그리스도께서는 십자가에서 인간의 모든 역겨운 죄를 친히 담당하심으로써 인간을 구속하셨다.

당신이 성경이 지루하다거나 이해하기 어렵다는 신화에 사로잡힌 사람들 중 하나라면, 아마도 성경의 어느 한 부분에서 발견한 것을 성경 전체로 확대해 생각했기 때문일 것이다. 성경에 특별히 어렵거나 모호한 본문들이 있는 것은 사실이다. 또 당신을 당황스럽게 하거나 곤란하게 만드는 본문들도 있다. 그런 본문들은 학자들이 설명할 부분으로 남겨두어야 한다. 그렇지만 성경의 특정 부분들이 어렵고 복잡하다 해서, 성경 전체가 지루하고 따분하다고 주장할 수 있겠는가?

성경적 기독교는 비밀스러운 종교가 아니다. 일종의 특별한 '통찰력'이 있어야 이해할 수 있는 모호한 상징들 안에 그 내용이 숨겨져 있지도 않다. 성경의 기본 메시지를 이해하는 데는 탁월한 지적 능력이나 영적 재능이 필요하지 않다. 어떤 동양 종교에서는 히말라야 산맥의 높은 봉우리에 오두막을 짓고 사는 소수의 구루guru에게 영적 통찰력이 한정되어 있다. 어쩌면 그 구루는 신神들을 통해 갑작스럽게 우주의 심오한 신비를 깨닫게 되었는지 모른다. 그들을 찾아가서 물어보면, 그들은 나직한 목소리로 인생은 '한 손으로 손뼉을 치는 것과 같다네' 하는 식으로 대답할 것이다. 그런 종류의 말이 곧 '비밀스럽다' 할 만한 것이다. 너무 비밀스러워서 심지어 구루조차도 제대로 이해하지 못한다. 불합리하기 때문이다. 불합리한 것들은 이해할 수 없는 탓에 때로는 심오하게 들리기도 한다. 우리가 이해할 수 없는 어떤 말을 들을 때, 사실 그것이 '한 손으로 손뼉을 치는 것'과 같이 불합리한 말에 지나지 않음에도 불구하고 너무 심오하기 때문에 그 말을 이해할 수 없다고 생각한다.

하지만 성경은 그런 식으로 말하지 않는다. 성경은 의미 있는 방식으로 하나님에 관해 말한다. 물론 그 가운데 어떤 것들은 어려울 수 있다. 그럼에도 불구하고 그것들은 구루만이 터득할 수 있는 따위의 무의미한 진술들은 결코 아니다.

동기의 문제

이 책의 주제는 성경을 읽는 방법이 아니라 성경을 '공부하는' 방법에 관한 것이다. 읽는 것과 공부하는 것은 크게 다르다. 읽는 것은 한가하게, 오락을 위해 가볍고 흥겨운 방식으로 할 수도 있다. 그러나 공부하는 것에는 진지하고 부지런한 수고인 노동이 요구된다.

여기서 우리의 실제적인 문제가 태만이라는 사실이 드러난다. 우리가 하나님의 말씀을 공부하지 않는 이유는 성경이 이해하기 어렵거나 지루하고 따분해서가 아니라 성경공부가 '일'이기 때문이다. 우리의 문제는 지적인 능력이 부족하거나 열정이 부족한 것이 아니라 우리가 게으르다는 것이다.

스위스의 저명한 신학자 칼 바르트Karl Barth, 1886-1968는 인간이 범하는 모든 죄는 기본적으로 세 가지 문제에 뿌리내리고 있다고 썼다. 그는 거기에 교만hubris, 부정직, 게으름을 포함시킨다. 사람이 영적으로 거듭난다고 해서 이러한 근본적인 악이 즉각 근절되는 것은 아니다. 그리스도인으로서 우리는 순례의 전체 여정에서 이런 문제들과 계속 싸워야만 한다. 우리 가운데 누구도 이런 문제들에 대해 면역되어 있지 않기 때문이다. 우리가 성경공부를 오래 지속하려면 하나님의 은혜가 필요하다는 사실을 처음부터 인정해야 한다.

인간이 타락한 후로 게으름의 문제는 늘 있어 왔다. 우리는 일할 때 땀을 흘려야 한다. 목초보다 잡초가 더 빨리 자라며, 성경을 공부하는 것보다 신문을 읽는 것이 더 쉽다. '성경공부'를 한다고 노동의 저주가 저절로 풀리는 것은 아니다.

성경공부에 관한 강의를 할 때마다 나는 그리스도를 믿은 지 1년 이상 된 사람이 얼마나 되는지 청중에게 묻는다. 그리고 그들 중에 성경을 첫 장부터 마지막 장까지 통독한 사람이 얼마나 되는지 묻는다. 그럴 때마다 언제나 절대 다수가 부정적으로 대답한다. 나는 그리스도인이 된 지 1년 이상이 지난 이들 중 적어도 80퍼센트가 성경을 통독한 적이 없다고 단정한다. 어떻게 이런 일이 가능할까? 인간이 전적으로 타락했다는 사실만이 이 질문에 답을 줄 수 있다.

만일 당신이 성경을 통독했다면, 그리스도인 가운데 소수의 무리에 속한 사람이다. 만일 당신이 지속적으로 성경을 공부해 왔다면, 그보다도 더 작은 무리에 속한 사람일 것이다. 거의 모든 그리스도인이 성경에 대해 자신의 견해를 갖고 있지만 실제로 그중 극소수의 사람만이 성경을 공부했다는 사실이 놀랍지 않은가? 때로는 성경의 진실성을 반박하려는 의도로 시간을 내어 공부하는 사람도 있다. 성경에 있음직한 허점들을 찾아내어 성경의 권위를 무너뜨리려는 것이다.

성경에 대한 무지는 결코 일반 성도에게만 국한된 것이 아니다. 나는 목회사역을 준비하는 신학생들을 심사하는 책임을 맡은 교회 위원회에 속한 적이 있다. 그때 많은 신학생들이 보여준 성경에 대한 무지는 매우 놀라운 수준이었다. 신학교의 교과과정은 그 문제를 완화시키는 데 큰 도움을 주지 못했다. 그 결과 매년 많은 교회들이 실제로는 성경에 무지한 사람들을 목사로 안수하고 있다.

나는 오래전에 신학교를 졸업했는데, 그 신학교에 진학하기 위해 성경시험을 치르면서 충격을 받은 일을 잊을 수 없다. 시험이 끝났을 때 너무 당황스럽고 부끄러워 시험 답안지를 제출할 수 없었다. 나는 대학에서 그런 시험을 대비해 도움이 될 만한 몇몇 과정들을 이수한 상태였다. 그러나 막상 시험을 치렀을 때 나는 준비되어 있지 않았다. 적지 않은 문제를 빈칸으로 남겨두었으므로 틀림없이 불합격하리라 예상했다. 최종 성적이 발표되었을 때 나는 75명 중에 가장 높은 점수를 받은 그룹에 들어 있었다. 심지어 몇 사람은 100점 만점에 10점도 받지 못했다. 내 점수도 형편없었지만 그래도 높은 축에 속했던 것이다.

목회자들 사이에 성경에 대한 무지가 만연하다 보니 교인들이 성경을 가르쳐 달라고 하면 난처해 하며 화를 내는 목회자들을 종종 볼 수 있다. 많은 경우에 목회자들은 성경을 가르치는 상황에 처했을 때 성경에 대한 자신의 무지가 드러날 것을 몹시 두려워한다.

성경공부의 성경적 근거

성경 자체가 성경공부의 중요성에 관해 많은 것을 말하고 있다. 성경공부에 관한 명령으로 구약과 신약성경에서 각각 한 본문을 선택해 살펴보자.

신명기 6장에는 구약의 모든 유대인들에게 친숙한 본문이 있다. 이 본문은 회중을 예배로 초청하는 구절로 사용되었다. “이스라엘아 들으라 우리 하나님 여호와는 오직 유일한 여호와

이시니 너는 마음을 다하고 뜻을 다하고 힘을 다하여 네 하나님 여호와를 사랑하라"(4-5절). 우리는 이 본문을 잘 알고 있다. 하지만 이 본문 바로 뒤에 따라 나오는 구절에 대해서는 아는가? 다음을 읽어보라.

> 오늘 내가 네게 명하는 이 말씀을 너는 마음에 새기고 네 자녀에게 부지런히 가르치며 집에 앉았을 때에든지 길을 갈 때에든지 누워 있을 때에든지 일어날 때에든지 이 말씀을 강론할 것이며 너는 또 그것을 네 손목에 매어 기호를 삼으며 네 미간에 붙여 표로 삼고 또 네 집 문설주와 바깥문에 기록할지니라(6-9절).

여기서 하나님은 당신의 말씀을 부지런히 가르쳐서 그 말씀이 마음에 새겨지게 하라고 주권적으로 명령하신다. 그 말씀의 내용을 어쩌다가 한 번씩 언급하는 것이 아니라 매일 반복해서 강론해야 하는 것이다. 말씀을 손목에 매고, 미간에 붙이고, 집 문설주와 바깥문에 기록하라는 명령은, 무슨 방법을 써서라도 반드시 그 일을 하는 것이 하나님의 뜻임을 분명히 보여준다.

이제 신약성경으로 눈을 돌려 사도 바울이 디모데에게 해준 권면을 읽어 보자.

> 그러나 너는 배우고 확신한 일에 거하라. 너는 네가 누구에게서

배운 것을 알며 또 어려서부터 성경을 알았나니 성경은 능히 너로 하여금 그리스도 예수 안에 있는 믿음으로 말미암아 구원에 이르는 지혜가 있게 하느니라. 모든 성경은 하나님의 감동으로 된 것으로 교훈과 책망과 바르게 함과 의로 교육하기에 유익하니 이는 하나님의 사람으로 온전하게 하며 모든 선한 일을 행할 능력을 갖추게 하려 함이라(딤후 3:14-17).

이 권면은 성경공부의 중요성을 이해하는 데 가장 근본적인 내용이므로 주의 깊게 살펴볼 필요가 있다.

"너는 배우고 확신한 일에 거하라." 이 권면은 연속성continuity을 강조한다. 우리의 성경공부는 한 번 하고 끝나는 일이 되어서는 안 된다. 성경공부에는 '대충 한 번'이라는 말이 결코 통하지 않는다. 지속성consistency은 건전한 성경공부에서 필수적이다.

"성경은 능히 너로 하여금 그리스도 예수 안에 있는 믿음으로 말미암아 구원에 이르는 지혜가 있게 하느니라." 여기서 바울은 지혜를 주는 성경의 능력에 관해 말한다. 성경이 말하는 '지혜'는 특별한 종류의 지혜를 가리킨다. 이 용어는 '세상 물정에 밝아지는' 능력을 뜻하거나, 또는 『가난한 리처드의 달력』• 따위를 쓰

• Poor Richard Almanac, 벤저민 프랭클린의 저서로 상식철학과 뛰어난 기지와 경구가 넘친다.

는 데 필요한 자질을 갖춘다는 의미가 아니다. 성경이 말하는 지혜란 하나님을 기쁘시게 하는 삶을 어떻게 살 것인지를 배우는 실천적인 문제와 관련이 있다. 구약성경의 지혜문헌을 재빨리 훑어보더라도 이런 강조점이 매우 분명하게 드러난다. 예를 들어, 잠언은 "여호와를 경외하는 것"fear of the Lord과 더불어 지혜가 시작된다고 말한다(잠 1:7; 9:10). 그러한 경외fear는 굴욕적인 공포가 아니라 진정한 경건에 필요한 두려움과 깊은 존경의 자세를 가리킨다. 구약성경은 지혜와 지식을 구별한다. 구약성경에는 지식을 얻으라는 명령도 있지만, 지혜를 얻으라는 명령이 더 많다. 지혜를 얻으려면 반드시 지식이 필요하다. 그러나 지식은 지혜와 다르다. 지혜가 없어도 지식을 가질 수 있으나 지식이 없이는 지혜를 얻을 수 없다. 지식이 없는 사람은 무지하고, 지혜가 없는 사람은 바보로 간주된다. 성경에서 어리석음은 도덕적 문제로, 하나님의 심판이 따르는 것이다. 최상의 의미에 있어서의 지혜는 구원과 관련되어 지혜롭게 되는 것이다. 따라서 지혜는 신학적 개념이다. 바울은 인간의 궁극적인 완성fulfillment과 운명에 관한 지혜는 오직 성경을 통해서만 얻을 수 있다고 말한다.

"네가 누구에게서 배운 것을 알며." 여기서 바울이 말하는 '누구'란 어떤 사람을 가리킬까? 디모데의 외할머니인가, 아니면 바울 자신인가? 두 견해 모두 의심스럽다. 이는 디모데가 얻은 지식의 궁극적인 원천, 즉 하나님을 가리킨다. 이것은 다음 진술에서 더 분명하게 드러난다.

"모든 성경은 하나님의 감동으로 된 것으로." 이 구절은 성경의 영감에 관한 이론들을 설명하고 분석하는 많은 신학서적들의 집중 조명을 받아왔다. 이 구절에서 중요한 단어는 헬라어 '데오프뉴스토스'theopneustos이다. 이 단어는 "하나님의 감동으로 된"inspired by God이라는 표현으로 자주 번역되었다. 그러나 이 용어의 더 정확한 의미는 "하나님께서 호흡해 내신"God-breathed이며, 그 중에서도 하나님께서 '들이마신' 것이 아니라 '내쉰' 것을 가리킨다. 따라서 이 헬라어 단어는 들이쉼을 뜻하는 '인스피레이션'inspiration보다 내쉼을 뜻하는 '엑스피레이션'expiration으로 번역하는 것이 더 나을 것이다. 이렇게 할 경우에 이 본문은 영감론—하나님이 당신의 말씀을 인간 저자들을 통해 어떻게 전달하셨는지에 관한 이론—보다는 성경의 기원이나 원천에 관한 진술을 제공한다는 점에서 그 의의가 있다. 바울이 디모데에게 말하는 것은, 성경은 하나님께로부터 왔다는 것이다. 하나님이 성경의 궁극적인 저자이시다. 성경은 하나님의 말씀이다. 성경은 하나님에게서 온 것이며 하나님이 가지신 모든 무게를 그대로 갖는다. 이런 이유에서 바울은 "네가 누구에게서 [이것들을] 배웠는지" 기억하라고 명한 것이다.

"모든 성경은 … 교육하기에 유익하니." 바울은 성경과 관련해 우리가 어떤 탁월한 유익을 얻게 되는지 언급한다. 가장 우선되고 큰 유익은 성경을 통해 가르침을 받고 지도받게 되면서 누리는 유익이다. 우리는 성경을 읽다가 말씀에서 '영감을 받거나' 감동을 받아 눈물을 흘릴 수 있고, 또는 다른 통렬한 감정을 느낄 수도 있다. 그러나 우리가 얻는 가장 큰 유익은 교육을 받는 것이다. 성경에서 우리가 얻는 교훈은 집을 짓는 방법이나 곱셈-나눗셈 방법이나 미적분을 푸는 방법 같은 게 아니다. 우리가 얻는 교훈은 하나님과 관련된 것들이다. 이런 교훈을 '유익'하다고 말하는 이유는 하나님 자신이 그것에 지극히 높은 가치를 부여하시기 때문이다. 그래서 그 교훈은 가치와 중요성을 갖는다.

나는 그리스도인들이 "예수님만 알면 그것으로 충분한데 왜 교리나 신학을 공부해야 합니까?" 하고 말하는 것을 수없이 들어왔다. 그런 말을 들을 때마다 나는 즉각적으로 "예수님은 누구십니까?" 하고 반문한다. 이 질문에 대답하는 순간부터 우리는 교리와 신학에 연루된다. 신학을 피할 수 있는 그리스도인은 아무도 없다. 그리스도인은 누구나 신학자인 것이다. 물론 전문적이거나 직업적인 의미에서 신학자는 아니다. 그럼에도 불구하고 신학자임에 분명하다. 따라서 그리스도인들에게 쟁점은 신학자가 되느냐 마느냐 하는 것이 아니라, 좋은 신학자가 되느냐 나쁜 신학자가 되느냐 하는 것이다. 좋은 신학자란 하나님께 가르침을 받는 사람이다.

"책망과 바르게 함과 의로 교육하기에 유익하니." 이 구절에서 바울은 성경공부의 실제적 가치에 관해 진술한다. 타락한 피조물인 우리는 죄를 짓고 잘못을 범하며, 의의 측면에서 본질적으로 그릇된 상태에 있다. 따라서 우리는 죄를 지으면 책망을 받아야 하고, 잘못을 범했다면 그것을 바로잡아야 한다. 또 그릇된 상태에 빠지면 연단을 받고 거기서 벗어나야 한다. 성경은 우리의 최고 책망자이며 최고 교정자이며 최고 훈련자의 역할을 담당한다. 세상에는 운동을 탁월하게 하는 방법, 살 빼고 몸매를 아름답게 가꾸는 방법, 다양한 분야에서 기술을 습득하는 방법들에 관한 책들이 즐비하다. 도서관 서가에는 재정 운용 및 현명한 투자 방법들 사이의 미묘한 차이점을 가르쳐주는 책들로 가득하다. 우리는 손실을 수익으로 바꾸고, 채무를 자산으로 바꾸는 방법을 알려주는 책들을 얼마든지 구할 수 있다. 하지만 우리에게 의를 훈련시켜줄 책들은 어디에 있는가? "사람이 만일 온 천하를 얻고도 제 목숨을 잃으면 무엇이 유익하리요?"(마 16:26)라는 질문은 여전히 풀리지 않은 채 남아 있다.

"이는 하나님의 사람으로 온전하게 하며 모든 선한 일을 행할 능력을 갖추게 하려 함이라." 진지하면서도 부지런하게 성경을 공부하지 않는 그리스도인은 그리스도의 제자가 되기에 부적합하다. 적합한 그리스도인이 되려면, 그리고 하나님의 일에 유능한 그리스도인이 되려면 '나눔 모임'이나 '부흥집회'에 참석하는 것만으로는 부족하다. 어쩌다 한번 하는 것으로는 결코 유능해질 수 없다. 성경을 모르는 그리스도인은 적합하지 않을뿐더러 선한 일을 할 준비도 되어 있지 않다. 실제로 그런 사람은 준비가 되어 있지 않은 까닭에 부적절하다. 이것은 미식축구 선수가 어쩌다 맨발로 뛸 수는 있겠지만, 정식 경기를 치르려면 반드시 스파이크화를 신어야 하는 것과 같다.

계시로서의 성경

성경이 우리에게 주는 가장 중요한 유익 가운데 하나는 다른 곳에서는 얻을 수 없는 정보를 제공한다는 것이다. 대학교는 인간이 자연 세계를 탐구해 얻은 많은 지식을 제공한다. 우리는 관찰과 분석과 이론적 추론을 통해 배우며, 저명한 학자들이 제시한 다양한 견해들을 비교하고 대조한다. 그러나 이 세상에 속한 인간의 지식만으로는 아무도 초월적인 시각에서 우리에게 말할 수 없고, 철학자들이 지적하는 대로, 영원한 관점에서 우리와 더불어 논할 수도 없다.

오직 하나님만이 영원한 시각을 우리에게 주실 수 있으며 절대적이고 최종적인 권위로 우리에게 말씀하실 수 있다. 성경의 유익한 점은 다른 어디에서도 배울 수 없는 지식을 성경에서 배울 수 있다는 것이다. 물론 성경은 다른 수단을 통해 배울 수 있는 것들에 대해서도 알려준다. 가이사 아구스도가 누구인지, 예루살렘에서 베다니까지 거리가 얼마나 되는지를 알기 위해 전적으로 신약성경에 의존해야 하는 것은 아니다. 그러나 세계 최고의 지리학자라 할지라도 하나님께 이르는 길을 보여줄 수 없고, 세계 최고의 정신 의학자라 할지라도 우리의 죄 문제에 대한 궁극적인 답을 줄 수 없다. 인간의 정상적인 연구 활동으로는 드러나지 않는 문제들이 성경에 포함되어 있고 우리를 위해 '드러난다.'unveil

설령 자연을 연구해 하나님에 대해 많은 것을 알 수 있다고 해도 우리에게 완전하고 가장 가치 있는 것은 성경에 담긴 하나님의 자기 계시이다. 사람을 알게 되는 것과 하나님을 익히 알아가는 것 사이에는 매우 흡사한 면이 있다. 어떤 사람, 가령 빌 먼로라는 사람에 관해 알기 위해 우리는 여러 방법을 사용할 수 있다. 먼저는 구글에 들어가 이름을 쳐보는 것으로 인터넷 검색을 할 수 있다. 미 연방수사국FBI이나 중앙정보부CIA 같은 기관에 적당한 인맥이 있다면 그 사람에 관한 자료를 확인할 수 있고, 또 그가 다닌 고등학교와 대학교에 성적증명서를 요청할 수도 있다. 그런 기록들을 통해 우리는 그의 기본 이력뿐 아니라 병원진료 기록, 학업 성적과 운동 경력을 알 수 있다. 그런 다음, 더 개인적인 사항을 알고 싶으면 그의 친구들을 만나 이야기를 해볼 수 있다. 그러나 이런 방법들은 모두 간접적인 것에 지나지 않으며, 빌의 개인적인 많은 특성들은 여전히 우리 조사의 한계 밖에 남아 있을 것이다. 이런 모든 방법들로는 이차적인 정보만을 얻을 수 있을 뿐이다.

빌 먼로에 관해 더 정확한 지식을 얻으려면 그를 직접 만나 그의 외모를 살피고 그가 특정 상황에서 어떤 식으로 행동하는지, 평소에 어떤 습관이 있는지 관찰해야 한다. 이렇게 할 때 그의 감정, 생각, 가치관, 심지어 불쾌하게 여기는 것까지도 파악할 수 있을 것이다. 그러나 그를 더 친밀하게 알려면 어떤 식으로든지 그와 직접 대화를 나누어야 한다. 자기 신앙과 감정 상태와 생각을 본인보다 더 명확히 또는 자세히 표현할 수 있는 사람이 있겠는가? 만일 빌이 그런 것들을 말로 표현하려 하지 않는다면, 우리의 지식은 단지 추측과 유추에 국한될 것이다. 오직 본인이 직접 털어놓은 말만이 우리에게 분명한 지식을 전해줄 수 있다.

이와 마찬가지로 우리가 말하는 계시의 개념은 근본적으로 자기 계시self-disclosure이다. 성경은 하나님의 자기 계시로 우리에게 주어졌다. 성경에는 많은 사안들과 관련한 하나님의 생각이 그대로 드러나 있다. 그러므로 성경 지식이 있으면 하나님이 누구시며 하나님이 무엇을 가치 있게 여기시는지 알기 위해 이차적인 정보나 단순한 추측에 의존할 필요가 없다. 하나님은 성경을 통해 자신을 계시하셨다.

이론과 실천

신학을 멀리하는 그리스도인들이 있듯 하나님에 대한 이론적인 지식을 추구하는 것을 경멸하면서 '실천적인'practical 것만을 강조하는 사람들이 있다. 미국의 정신은 곧 실용주의 정신이라고 정의되어 왔다. 실용주의 정신은 정치의 영역에서, 그리고 존 듀이John Dewey가 세운 교육 원리 및 방법에 따라 형성된 공립학교 제도에서 가장 명백히 드러난다.

단순히 정의하자면, 실용주의pragmatism란 진리를 '효과를 가져오는' 무엇인가로 정의하면서 실재reality에 접근하는 것이라 할 수 있다. 실용주의자는 결과에 관심을 가지며 결과가 진리를 결정한다고 생각한다. 이런 종류의 사상이 안고 있는 문제점은, 영원한 관점을 갖지 못할 경우에 단기적인 목표로 결과를 평가하기 쉽다는 것이다.

딸이 공립학교에 입학해 유치원 교육을 받을 때 나는 이런 딜레마를 경험했다. 아이는 보스턴 교외의 매우 진보적인 학교에 다녔는데, 몇 주 지나지 않아 학교로부터 통지문을 받았다.

유치원에서 채택하고 있는 교육과정 및 진행절차를 설명하기 위해 교장 선생님이 학부모들과 만남의 자리를 마련한다는 내용이었다. 학부모들이 모인 자리에서 교장은 학생들의 하루 일과를 상세히 설명했다. "유치원에서 일상적으로 하는 모든 생활에는 다 목적이 있습니다. 이를테면, 오전 9시부터 9시 17분까지 어린이들은 퍼즐을 가지고 놉니다. 그 퍼즐은 정형외과 전문의가 세심하게 고안한 것인데, 왼손의 마지막 세 손가락의 운동근육을 발달시키도록 고안된 것입니다." 교장은 아이들의 하루 일과가 분 단위로 치밀하고 정확하게 계획되었다고 계속 설명했다. 유치원에서 모든 것이 일정한 목적 아래 진행되고 있다는 것을 확신시키려는 의도였다. 당연히 나는 감동을 받았다.

교장의 설명이 끝나고 학부모들이 질문하는 시간에, 나는 손을 들어 이렇게 말했다. "이 유치원이 교육과정에 잘 맞게 사려 깊은 계획을 세운 것이 참 인상적이었습니다. 모든 것이 특정한 목적에 의해 이루어지고 있음을 알 수 있었습니다. 제가 질문하고 싶은 것은 이것입니다. 교장 선생님은 이 유치원에서 달성하려는 여러 '목적들'을 어떻게 결정하십니까? 개별적인 목적들을 결정하기 위해 교장 선생님이 기준으로 삼는 궁극적인 목적은 무엇입니까? 유치원의 프로그램이 지향하는 여러 목적들이 최종적으로 어떤 목적 아래 개발되고 운영됩니까? 다시 말씀드려서 교장 선생님은 어떤 아이들을 키워내려 하십니까?"

교장의 얼굴이 창백해졌다가 이내 벌겋게 되었다. 그는 더듬거리는 말로 이렇게 대답했다. “잘 모르겠습니다. 그런 질문을 한 사람은 지금까지 아무도 없었습니다.” 나는 교장의 솔직한 태도와 겸손함에 감사했지만, 동시에 그의 대답에 놀라지 않을 수 없었다.

『생각하는 그리스도인』*Your Mind Matters*에서 존 스토트는 이렇게 말했다.

> 현대 세계에는 어떤 문제를 막론하고 처음으로 던지는 질문이 “그게 정말입니까?”가 아니라 “그게 될까요?”라고 묻는 실용주의자들로 가득하다. 젊은이들은 어떤 대의에 대해 행동주의자가 되고 열렬한 지원자로 자처하려는 경향이 있다. 하지만 정작 그러한 대의가 끝까지 추구할 만큼 선한지, 혹은 그런 자신들의 행동이 과연 최선인지에 대해서는 늘 면밀하게 따져 묻지는 않는다.[2]

어떻게 목적 없는 목적들이 있을 수 있는가? 그렇다면 우리는 이러한 실용주의에 대한 궁극적인 평가를 어디서 얻을 수 있는가? 이야말로 초월적 계시가 우리 삶에 가장 긴급하게 필요한 곳이며, 성경이 우리의 실천을 위해 가장 적실하게 필요한 장소다. 오직 하나님만이 우리가 실행하는 것들의 지혜와 가치를 최종적으로 평가하실 수 있다.

이론을 경멸하고 스스로 실천적이라고 말하는 사람은 현명하지 못하다. 단기적인 목표에만 관심을 기울이는 사람은 영원이라는 긴 과정에 직면하면 큰 어려움을 겪을 수밖에 없다. 여기서 우리는 근본적인 원리가 없이는 실천도 없다는 말을 덧붙여야 한다. 우리가 어떤 일을 하는 이유는 그것이 할 만한 가치가 있다는 확신 때문이다. 우리의 실천은 우리의 내부 깊은 곳에 이론적 확신이 있음을 가장 잘 드러내 준다. 우리는 자신의 이론을 진지하게 생각해 본 적이 없고, 엄정하고 비판적으로 분석하지 않을지도 모른다. 하지만 우리는 모두 이론을 가지고 있다. 신학 없이 그리스도만을 원하는 그리스도인과 마찬가지로 이론 없이 실천만을 원하는 사람은 결국 나쁜 실천으로 이어지는 나쁜 이론에 말려들기 쉽다.

성경에서 발견할 수 있는 이론들은 하나님께로부터 온 것이기에 성경은 매우 실천적이다. 하나님의 말씀보다 더 실천적인 것은 없다. 왜냐하면 하나님의 말씀은 영원이라는 관점에서 확립된 이론에서 비롯되었기 때문이다. 실용주의의 치명적인 약점은 이렇듯 계시로 극복된다.

감각적인 그리스도인

20세기 후반에 들어서면서 사람들은 '감각'(육감)을 중시하기 시작했다. 『감각적인 여성』, 『감각적인 남성』, 『감각적인 부부』, 『감각적인 이혼』 등과 같은 책들은 베스트셀러가 되었고, 수십 년이 지난 지금도 여전히 판매되고 있다. 어떤 사전에서는 '감각적인'sensuous이라는 단어를 "감각 또는 감각적인 대상들과 관계가 있는, 감각을 통한 영향에 극히 민감한"이라고 정의해 놓았다. 다른 말로 하면, 감각적인 사람이란 자신의 사리분별이 아니라 감정에 따라 살아가는 이들이다. 오늘날 텔레비전을 통해 이런 감각들은 거침없이 표현되고 있다. 유명 TV 토크쇼 진행자들은 초대 손님에게 자신의 사적인 감정이나 정서들을 수백만의 시청자들에게 여과 없이 "터트려 버리라"고 주문하기도 한다.

슬프게도 이런 관능성은 교회 안으로도 스멀스멀 기어들고 있다. 수많은 이들이 감각적인 그리스도인이 되고 있는데, 그들은 하나님의 말씀에 대해 자신이 이해한 것보다는 자신의 감정에 따라 행동한다. 감각적인 그리스도인은 '느낌이 오지' 않으면 예배나 기도, 또는 성경공부도 할 수 없다. 그는 오직 현재적으로 느끼는 감정의 강도에 따라 그리스도인처럼 살아간다. 영적 행복감을 느끼면 그는 경건한 행동으로 회오리바람을 일으킨다. 반면에 침울해지면 영적 무기력에 빠진다. 그는 지속적으로 새롭고 신선한 영적 경험들을 추구하며 그것들로 하나님의 말씀을 판단한다. 결국 그의 '내적 감정들'이 진리를 시험하는 궁극적인 수단이 되는 것이다.

감각적인 그리스도인은 하나님의 말씀을 공부할 필요가 없다고 생각한다. 왜냐하면 자신의 감각을 통해 이미 하나님의 뜻을 알고 있다고 믿기 때문이다. 따라서 그는 하나님을 알려고 하지 않는다. 오직 하나님을 체험하려고만 할 뿐이다. 감각적인 그리스도인은 '어린아이 같은 믿음'을 무지와 동일한 것으로 간주한다. 그래서 그는 성경이 어린아이 같은 믿음을 가지라고 말할 때, 그것을 내용물이 없는 믿음, 즉 이해하지 못하고도 믿는 믿음을 가지라는 뜻으로 받아들인다. 그런 사람은 "형제들아 지혜에는 아이가 되지 말고 악에는 어린아이가 되라 지혜에는 장성한 사람이 되라"(고전 14:20)고 명하신 성경 본문을 모르고 있다. 그들은 사도 바울이 "내 사랑하는 형제들아 너희가… 모르기를 내가 원하지 아니하노라"(예를 들어, 롬 11:25)라고 거듭 말한 것을 깨닫지 못한다.

감각적인 그리스도인은 인생의 고통에 직면하고 망하기까지 자기가 선택한 길을 즐겁게 간다. 대체로 그런 사람은 결국에는 일종의 '관계적 신학'relational theology(현대 기독교에 대한 가장 무시무시한 저주)을 받아들이는데, 이 신학은 개인의 관계와 체험을 하나님의 말씀보다 더 중요시한다. 만일 성경이 개인적인 관계를 위험에 빠뜨릴 수 있는 행동을 명령한다면, 감각적인 그리스도인은 성경을 포기한다. 무슨 희생을 치르더라도 나쁜 감정만은 피해야 한다는 것이 감각적인 그리스도인에게는 최고의 법이기 때문이다.

성경은 우선적으로 — 완전히는 아닐지라도 — 우리의 이해력 즉 지성mind에 호소한다. 이것은 서구 문명에서 가장 반反지성적인 시대를 살아가는 현대의 그리스도인들에게는 전달하기가 매우 어려운 개념이다. 나는 반학문적이라거나 반기술적, 또는 반학자적이라는 표현을 사용하지 않았다. 나는 반지성적anti-intellectual이라고 말했다. 오늘날은 그리스도인들의 삶에 필요한 지성이라는 기능에 반감을 보이는 풍조가 강하다.

물론 이런 종류의 반응을 보이는 데에는 역사적인 이유들이 있다. 많은 성도들은 '지성의 반역' — 어떤 신학자가 그렇게 불렀다 — 이 초래한 결과를 절감하고 있다. 과도한 회의주의, 냉소주의, 부정적 비판이 신학자들의 지적 세계에서 흘러나왔기 때문에 성도들은 지적 탐구에 대한 신뢰를 상실하고 말았다. 많은 경우에 지적 탐구를 하다 보면 신앙을 고수하는 것이 불가능해지리라는 두려움이 생겼고, 그 결과 신앙을 지키려는 노력이 인간의 지성을 무시하는 것으로 나타났다. 믿음을 확립하고 보존하기 위해 지성보다 감정에 호소하게 된 것이다. 이것은 21세기의 교회가 직면한 매우 심각한 문제다.

기독교는 고도로 지적인intellectual 종교지만, 그렇다고 지성주의적인intellectualistic 종교는 아니다. 즉, 성경은 지성을 가진 사람들에게 주어진 것이지만 지성주의를 포용하지는 않는다. 그리스도인의 삶은 공허한 추측이나 차가운 합리주의적인 삶이 아니라, 생동하는 열정의 삶이어야 한다. 그리스도인에게는 기쁨, 사랑, 희열과 같은 강한 정서가 거듭 요청되지만, 그런 열정적인 정서는 우리가 지성을 통해 이해한 진리에 대한 반응으로 나타나는 것이다. "담대하라 내가 세상을 이기었노라"(요 16:33)라는 성경 구절을 읽으면서 어떻게 하품을 할 수 있겠는가? 그리스도께서 참으로 세상을 이기셨다는 것을 제대로 이해할 때 우리는 진정한 용기를 가질 수 있다. 그런 이해는 우리의 영혼을 전율케 하고 우리의 발을 춤추게 한다. 그리스도의 임재의 달콤함이나 성령의 친밀함을 체험하는 것보다 더 소중한 것이 어디 있겠는가?

하나님은 우리가 열정을 상실하는 것이나 또는 그리스도를 체험하지 못한 채 그리스도인의 순례의 길을 가는 것을 원치 않으신다. 그러나 하나님께서 말씀하신 것과 우리가 느끼는 것 사이에 충돌이 생길 때에는 어떻게 해야 하는가? 그것이 좋든 싫든 우리는 하나님께서 말씀하신 것을 행해야 한다. 이것이 기독교의 모든 것이다.

잠시 생각해 보라. 하나님의 명령으로 알고 이해한 것에 따라 행동하기보다 우리가 하고 싶은 것에 따라 행동할 때 우리 삶에는 어떤 일이 일어나겠는가? 우리는 행복과 쾌락의 차이에 대한 무자비한 현실을 알게 된다. 우리는 이 두 가지를 얼마나 쉽게 혼동하는지! 행복을 추구하는 것은 우리의 '양보할 수 없는 권리'다. 그러나 행복과 쾌락은 같은 것이 아니다. 두 가지 다 우리를 기분좋게 만들지만 그 중 하나만이 오래 지속된다. 죄는 쾌락을 가져다줄 수 있지만 그 쾌락은 결코 행복이 아니다. 죄가 종종 '기분 좋게' 만들기는 하지만 결코 행복을 가져다주지는 못한다. 죄가 짜릿하지 않다면 유혹이 될 수는 없다. 그러나 만일 우리가 행복과 쾌락의 차이를 모르거나, 또는 그 차이를 개의치 않는다면—이것은 더욱 좋지 않다—결국 우리는 극히 감각적인 그리스도인이 되고 만다.

쾌락과 행복의 차이를 분별해야 하는 시점이야말로 성경 지식이 절대적으로 필요한 때이다. 하나님의 뜻과 사람의 행복 사이에는 놀라운 관계가 있다. 사탄은 순종하는 것으로는 우리가 결코 행복해질 수 없다고 속인다. 아담과 하와를 속인 최초의 유혹에서 마지막 밤의 사탄의 유혹에 이르기까지 그 거짓말은 언제나 똑같았다. "만일 하나님이 말씀하신 것에 순종한다면 행복해질 수 없을 거야. 하지만 내 말을 잘 듣고 따르면 넌 '자유하게' 되고 행복이 뭔지 알게 되겠지."

사탄의 이런 주장이 참이라면, 하나님은 무지하든지, 악하든지, 속이는 자 가운데 하나라는 의미가 된다. 그렇다면 그분의 말씀은 우리에게 아무런 역사도 일으킬 수 없다. 실수할 수도 있기 때문이다. 또 우리가 행복해지기 위해 무엇을 해야 할지 알려주실 수도 없다. 아마 그분은 우리가 행복해지기를 간절히 바라겠지만 우리를 적절하게 가르칠 수는 없을 것이다. 또 하나님은 우리를 돕고 싶지만 우리의 삶과 상황이 너무 복잡해서 어찌할 바를 모른다.

하나님은 무한히 지혜로우시고 우리에게 좋은 것이 무엇인지 우리보다 더 잘 아시지만—그분은 철학자, 윤리학자, 정치인, 교사, 목사, 심리학자들보다 인간의 복잡 미묘함을 더 잘 이해하신다—악한 자라서 우리를 미워하신다면 어떻게 할 텐가? 하나님은 진리를 알지만 우리를 오도하고 우주에서 자기 혼자만 행복한 존재로 남으실 것이다. 이러한 경우, 율법은 우리가 곤경에 처할 때 그것을 보고 크게 즐거워하려는 그분의 욕망의 표현일지 모른다. 그때 하나님은 우리에게 악의가 있어 우리를 속이는 최고의 사기꾼이다.

그러나 이것은 정말 터무니없는 소리다! 만일 이것이 사실이라면, 우리가 내릴 수 있는 유일한 결론은 하나님이 마귀이고 마귀가 하나님이라는 것이며, 또한 성경은 사탄의 교본이라는 말이다. 터무니없는가? 생각할 수조차 없다고? 나도 그랬으면 좋겠다. 하지만 수많은 목회자들이 자기 서재에서 교인들의 행복을 너무도 바란 나머지 성경의 가르침과 반대되는 조언을 하고 있지 않는가? "그래요, 존스 부인, 가서 남편과 이혼하세요. 그 이혼에 대한 정당한 근거를 성경에서 찾아볼 수 없지만 말입니다. 그런 사람과 결혼생활을 지속하는 한 결코 행복해질 수 없을 거 같네요."

17세기의 한 교리문답서는 신중하게 간직해 온 인간 행복의 비결에 대해 이렇게 표현했다. "사람의 궁극적인 목적은 하나님을 영화롭게 하고 그분을 영원히 즐거워하는 것입니다." 행복의 비결은 하나님께 순종하는 데 있다. 하나님께 순종하지 않으면서 어떻게 행복해질 수 있겠는가? 그리고 순종이 무엇인지 모르면서 어떻게 순종할 수 있겠는가? 결국 하나님의 말씀을 모르고서는 온전히 행복해질 수 없다.

물론 우리가 하나님의 말씀을 안다고 해서 그 말씀을 실천하는 것을 보장하지는 않는다. 그러나 적어도 참된 인간 됨을 실현하기 위해 우리가 해야 할 일이 무엇인지는 알 수 있다. 믿음은 단지 하나님을 '믿느냐' 하는 것이 아니라, 우리가 믿는 분이 그 '하나님'인가의 문제다.

의무의 문제

우리는 왜 성경을 공부해야 하는가? 우리는 지금까지 성경공부의 실제적 가치, 윤리의 중요성, 행복을 얻는 길에 대해 간략히 언급했다. 그리고 사람들이 성경을 공부하지 않는 이유로 제시하는 몇 가지 신화들도 살펴보았다. 또 우리 시대의 실용주의 정신과 반지성적 경향에 관해 몇 가지 사실을 점검해 보았다. 우리가 성경을 공부해야 하는 이유와 관련해서 여러 중요한 양상이 있고, 또 성경을 공부해야 하는 수많은 이유들이 있다.

나는 독자들에게 개인적인 유익을 얻으려는 목적으로 성경을 공부하라고 호소할 수 있었다. 설득의 기술을 사용해, 성경공부가 독자들의 삶에서 가장 큰 유익을 주는 교육적 체험이 될 것이라고 말할 수 있었다. 진지하게 성경을 공부함으로써 유익을 얻게 되는 많은 이유들을 제시할 수도 있었다. 그러나 궁극적으로 우리가 성경을 공부해야 하는 가장 중요한 이유는 그것이 우리의 의무이기 때문이다.

설령 성경이 세상에서 가장 지루하고 따분하고 재미없고 부적절해 보이는 책이라 하더라도 성경을 공부하는 것은 여전히 우리의 의무이다. 성경의 문체가 거북하고 곤혹스럽더라도 그것은 여전히 우리의 의무로 남을 것이다. 우리는 하나님의 명령에 따라 성경을 부지런히 공부해야 하는 의무를 지닌 인간이다.

하나님은 우리의 주권자이시며 성경은 그분의 말씀이다. 하나님은 우리에게 성경을 공부하라고 명령하신다. 의무는 선택사항이 아니다. 당신이 그 의무를 이행하지 않고 있다면 하나님께 용서를 구하라. 그리고 오늘부터 당신의 의무를 이행하기로 결심하라.

2장
개인 성경공부와 사적 해석

구약성경에 기록된 유대인들의 역사를 살펴보면 이스라엘에게 가장 어렵고 지속적으로 위협이 된 것은 거짓 선지자나 거짓 교사들임을 알 수 있다. 이스라엘은 블레셋이나 앗수르보다 거짓 교사의 미혹에 더 자주 희생되었다. 신약성경도 초기 기독교회가 동일한 어려움을 겪었음을 보여준다. 거짓 선지자는 양들보다 받을 돈에 관심이 더 많은 삯꾼 목자와 같다. 그들은 성도들을 오도해 잘못을 범하거나 악을 행하게 되는 것을 개의치 않는다. 그렇지만 모든 거짓 선지자들이 악한 의도를 갖고 거짓을 말하는 것은 아니다. 많은 이들은 무지 때문에 그렇게 한다. 그러므로 우리는 악한 자들과 무지한 자들을 모두 피해야 한다.

KNOWING SCRIPTURE

서구의 거의 모든 가정에는 성경이 있다. 한 조사에 의하면 미국에는 각 가정마다 평균 4권의 성경이 있다고 한다. 성경은 언제나 베스트셀러였고 앞으로도 매년 가장 많이 팔리는 책이 될 것이다. 2008년 해리스 인터액티브Harris interactive에 따르면 나이나 성별에 관계없이 미국 성인들에게 가장 인기 있는 책은 성경이다.[3] 하지만 그 많은 성경 가운데 상당수는 단지 장식용으로, 또는 사진을 끼워 보관하거나 꽃을 끼워 누르는 편리한 도구로 활용된다. 아니면 목사가 심방할 때 눈에 가장 잘 띄는 자리에 진열하는 소품 정도로 취급되는 실정이다. 오늘날은 어디서나 성경을 구할 수 있는 탓에 우리는 스스로 해석할 수 있는, 자국어로 기록된 성경을 소유하는 특권을 얻기까지 수많은 사람들이 얼마나 많은 희생을 치렀는지를 너무 쉽게 망각하는 것 같다.

마르틴 루터와 사적 해석

종교개혁이 남긴 위대한 유산 중 두 가지를 든다면 사적 해석private interpretation의 원리와 성경의 자국어 번역을 들 수 있다. 이 두 가지는 나란히 함께 가는 것인데, 격렬한 논쟁과 극심한 박해가 있은 후에야 겨우 확보할 수 있었다. 자국어로 성경을 번역하는 일을 감행하다가 (특히 영국에서) 수십 명의 사람들이 화형을 당했다. 루터의 가장 위대한 업적 가운데 하나는 성경을 독일어로 번역하여 글을 아는 사람이라면 누구나 스스로 성경을 읽을 수 있게 한 점이었다.

16세기에 성경의 사적 해석의 문제를 격렬한 논쟁의 초점으로 부각시킨 사람도 루터였다. 보름스 의회Diet of Worms에서 종교개혁자 루터는(그곳에서 자신의 이단성에 대한 재판이 열렸다) 교회와 제국의 당국자들에게 제시한 유명한 답변에서 사적 해석의 원칙을 암시적으로 말했다.

자신의 글들을 철회하라는 요구를 받았을 때 루터는 이렇게 답한다. "거룩한 성경과 명백한 이성에 의해 내가 확신을 갖게 되지 않는 한 결코 철회할 수 없습니다. 나의 양심은 하나님의 말씀에 사로잡혀 있습니다. 양심을 거역하는 것은 옳지도 않고 안전하지도 않습니다. 내가 여기 서 있습니다. 나는 달리 말할 수 없습니다. 하나님이여, 나를 도우소서."

루터가 "내가 확신을 갖게 되지 않는 한"이라고 말한 것에 주목하라. 더 이른 시기에 라이프치히와 아우크스부르크에서 행한 논쟁에서 루터는 교황들과 교회 회의들이 제시한 원칙에 반대해 성경을 해석할 수 있다고 담대하게 주장했다. 루터가 매우 담대했기 때문에 교회 당국자들은 그를 오만방자하다고 여러 차례 비난했다. 루터는 그런 비난을 가볍게 생각하지 않았으며 그것들에 대해 고뇌했다. 그는 자신의 가르침이 선지자들과 복음서에 비추어 틀렸음이 밝혀진다면 "그 어떤 잘못도 다 철회할 것이며, … 가장 앞장서서 나의 글들을 불 속에 던져넣을 것"을 동의했다. 그는 자신이 틀릴 수도 있다고 생각했으나, 동시에 교황과 교회 회의들도 잘못을 범할 수 있다고 주장했다. 루터가 볼 때 오류가 없는 것은 오직 진리의 유일한 원천인 성경뿐이다. 그는 말하기를 "성경은 결코 오류를 범할 수 없다"고 했다. 그러므로 교회 지도자들이 그에게 잘못이 있음을 확신시키지 않는 한 루터는 성경의 가르침이라고 자기 양심이 확신한 것을 따를 의무가 있다고 느꼈다. 이런 논쟁과 함께 사적 해석의 원리가 탄생했다.

루터가 담대하게 선언을 하고 그 선언에 이어 성경을 독일어로 번역한 후에도 로마 가톨릭교회는 전복되지 않았으며 기력을 상실하지도 않았다. 오히려 로마 교회는 힘을 모아 소위 반종교개혁the Counter Reformation으로 알려진 반격을 세 방향에서 감행했다. 날카로운 세 갈래의 반격 중 하나로 트렌트 공회Council of Trent, 1545-1563에서는 개신교에 반反하여 문서를 작성하게 된다. 트렌트 공회의 문서는 루터를 비롯한 다른 종교개혁자들이 제기한 쟁점들 중 많은 부분을 언급했다. 거기에는 사적 해석의 문제가 포함되어 있었다. 문서는 이렇게 언급한다.

> 방종한 자들을 저지하기 위해[4] 공회는, 그리스도교 교리를 견고하게 세우기 위해 마련된 신앙과 도덕의 문제에 있어, 그 누구도 자신의 판단에 의존하여 자신의 생각에 따라 성경을 왜곡하면서, 성경의 참된 의미와 해석을 판단할 권위가 맡겨진 성모 교회Holy Mother Church가 견지해 왔고 또 지금도 견지하는 의미와 상반되게, 또는 교부들의 일치된 가르침에 상반되게 성경을 감히 해석할 수 없다고 선언한다.

이 선언의 어조를 감지할 수 있겠는가? 다른 무엇보다도 이 선언은 성경을 해석하고 그 의미를 선포하는 일이 로마 가톨릭 교회의 가르치는 직무에 속한 공적 권한임을 말하고 있다. 성경을 해석하는 것은 개인의 판단이나 견해의 문제가 아니라는 것이다. 트렌트 공회의 이 선언은 명백히 종교개혁의 사적 해석의 원리를 겨냥해 작성된 것이다.

그러나 이 선언을 자세히 살펴보면 종교개혁의 원리를 매우 심각하게 오해하고 있음을 알 수 있다. 과연 종교개혁자들이 방종을 부추겼는가? 사적 해석은 개인이 자기 생각에 맞게 성경을 해석할 권한이 있음을 의미하는가? 개인은 성경을 아무런 통제도 받지 않고 변덕스럽고 일시적인 자기 기분에 따라 멋대로 해석할 수 있는가? 개인은 전문적인 성경 교사와 같은 사람들의 해석을 진지하게 받아들여야 하는가? 이러한 질문들에 대한 대답은 자명하다. 종교개혁자들도 방종한 자들을 제어할 수 있는 방법들과 수단들이 필요하다고 생각했다. 그래서 그들은 황당한 해석을 저지하는 방안으로 건전한 성경 해석의 원리들을 수립하기 위해 많은 노력을 기울였다. 그러나 종교개혁자들은 방종한 자들을 제어하는 방법을 교회나 지도자의 가르침에 오류가 없다는 선언에서 찾지 않았다.

트렌트 공회의 선언에 나타난 가장 중요한 용어는 아마도 '왜곡하는'distorting이라는 말일 것이다. 트렌트 선언은 그 누구도 성경을 왜곡할 권한을 갖지 못한다고 말한다. 종교개혁자들도 이것에 진심으로 동의했다. '사적 해석'은 개인들에게 성경을 왜곡할 권한이 있음을 의미하는 게 아니다. 사적 해석의 권한에는 성경을 정확하게 해석해야 한다는 건전한 책임이 수반된다. 사적 해석의 원리는 개인에게 성경을 해석하는 자유를 부여할 뿐 성경을 왜곡할 자유를 부여하지 않는다.

종교개혁 시대에 종교재판소가 행한 잔혹한 대응과 성도들이 읽을 수 있도록 성경을 자국어로 번역한 사람들에게 가한 박해를 돌이켜 보면 끔찍하기 짝이 없다. 하지만 이런 역사적인 상황을 반추해 볼 때 우리가 자주 간과하는 것은 선의를 가진 사람들이 그런 일에 많이 가담했다는 사실이다. 로마 가톨릭교회는 훈련받지 않은 평신도들에게 성경을 맡겨 두고 그들이 성경을 해석하도록 방치하면 무시무시한 왜곡이 일어날 것이고, 이것은 결국 양들이 길을 잃고 영원한 고통의 자리로 떨어지게 하는 것이라고 확신했을 것이다. 그리하여 양들이 그런 파멸의 길에 빠지는 것을 막으려고 교회는 신체적인 처벌을 가했으며 심지어 사람들을 처형하는 일도 불사했던 것이다. (비록 이런 문제에 대해서는 아니었지만 일부 개신교회들 역시 신체적이고 치명적인 징계를 가했음을 주목하라.)

루터는 그런 위험한 일이 일어날 수 있다는 것을 알았지만 동시에 성경이 명료하다는 점 또한 확신했다. 따라서 왜곡의 위험이 매우 컸음에도 불구하고 그는 교황이나 교회 공의회, 교부들의 견해가 아닌 명료한 복음의 메시지를 대중이 접할 수 있게 하는 것이 훨씬 더 많은 사람들을 멸망보다는 구원으로 인도할 것이라고 생각했다. 그리하여 그는 '죄악의 수문'이 될지도 모를 밸브를 돌리는 위험을 기꺼이 떠맡았던 것이다. 루터는 이렇게 썼다.

> 우리의 많은 교부들이나 공회에서 남긴 책들이, 하나님의 은혜로, 사라졌다는 사실 때문에 아쉬워할 필요는 없다. 만일 여태껏 남아 있었더라면 단지 책에 불과한 그것들로 인해 성경을 통해 뭔가를 발견할 여지가 현저히 줄어들었을 것이다.[5]

또한 제2 스위스 신앙고백Reformed Second Helvetic Confession, 1566은 이렇게 말한다.

> 우리는 거룩한 헬라와 라틴 교부들의 성경 해석들이 성경과 일치하는 한 무시해서도, 그 논의와 논문들을 거절해서도 안 된다. 하지만 그것들이 성경과 다르게, 혹은 전반적으로 볼 때 그에 반反하여 진행된다면 우리는 거기에 정중히 이의를 제기해야 한다.[6]

사적 해석은 평신도들에게 성경을 열어 두었지만, 그것이 훈련받은 목회자들이 필요하다는 원리를 제거한 것은 아니다. 종교개혁자들은 성경 시대로 돌아가, 구약성경과 신약성경의 관습과 가르침에서는 랍비와 서기관의 역할, 그리고 가르치는 사역이 중요한 위치에 있음을 인식했다. 성경 교사들이 고대 언어와 관습, 역사와 문학적 분석에 능숙해야 한다는 것은 여전히 기독 교회의 중요한 요소다.

루터의 '만인제사장직'이라는 유명한 교리는 종종 오해를 받아왔는데, 이것은 성직자와 평신도 사이에 구분이 없음을 의미하지 않는다. 이 교리는 모든 그리스도인이 교회 전체사역에서 수행할 역할과 유지해야 할 기능이 있음을 의미한다. 어떤 의미에서 우리는 모두 "우리의 이웃에게 그리스도가 되도록" 부름받았다. 그러나 이것은 교회에 감독이나 교사가 필요 없다는 의미는 아니다.

이와 관련하여 루터가 승인한 아우크스부르크 신앙고백은 "어떤 공식적인 초청이 없이는 그 누구도 교회에서 공개적으로 가르치거나 설교하거나 성례를 집전할 수 없다는 사실을 우리는 안다"[7]고 말하고 있다. 그리고 제2 스위스 신앙고백은 "하나님은 교회를 모으고 세우며, 다스리고 보존하는 일에 항상 자신의 사역자들을 사용하신다"[8]고 전한다. 따라서 개혁자들에게 있어 "만인제사장직"은 성직자와 평신도 사이에 아무런 구별이 없다는 의미는 아니다.

오늘날 문화에서 많은 사람들이 제도화된 교회에 대해 환멸을 느끼고 있다. 제도화된 교회에 지나치게 부정적으로 반응한 나머지 교회의 모든 제도와 조직을 부인하는 방향으로 나가는 이들도 있다. 오늘날 모든 세대의 사람들은 이렇게 외친다. "나는 성직자가 필요 없다. 나는 제도화된 교회나, 그리스도의 몸에서 조직화된 정치체제를 믿지 않는다." 그런 사람들에게는 사적 해석의 원리가 극단적인 주관주의를 허용하는 빌미가 될 가능성이 있다.

객관주의와 주관주의

사적 해석이 지닌 가장 중대한 위험은 성경을 해석할 때 빠질 수 있는 주관주의subjectivism라는 위험이다. 이 위험은 종종 드러나는 것보다 훨씬 널리 퍼져 있다. 내가 보기에 주관주의의 위험은 신학적 논의와 논쟁 과정에서 매우 미묘하게 드러난다.

언젠가 성경학자들의 토론 모임에 참석한 적이 있다. 우리는 그 의미와 적용에서 논란을 일으키는 신약성경의 특정 본문을 두고 찬반 토론을 벌일 참이었다. 그런데 한 신약학자가 개회 연설에서 이렇게 말하는 것이었다. "신약성경에 접근하는 방식에 대해 우리는 편견이 없어야 하며 정직해야 합니다. 결국 우리 모두는 신약성경에서 우리가 읽고 싶은 것을 읽지만, 그래도 괜찮습니다.That all right"

나는 귀를 의심하지 않을 수 없었고, 너무 놀란 나머지 반박도 하지 못했다. 충격이 너무 커서 의견을 교환하는 것이 무익하다는 생각까지 들었다. 신학자가 공적인 자리에서 이렇게 노골적으로 자기 편견을 드러내는 것은 드문 일이다. 우리는 모두 자신이 발견하고 싶은 것을 성경에 넣어 읽으려는 자신의 악한 성향과 싸우는 중이다. 하지만 늘상 그렇게 싸울 이유는 없다고 생각한다. 그런 성향을 제어할 수 있는 유효한 수단이 있다고 믿기 때문이다.

성경을 해석할 때 이처럼 주관주의를 쉽게 받아들이는 성향은 일반 대중에게도 동일하게 만연해 있다. 어떤 본문의 의미에 관해 토론을 한 뒤에 사람들은 "글쎄요, 그건 당신 견해지요"라고 간단히 내 말을 논박하는 경우가 적지 않았다. 그 말이 뜻하는 바는 무엇인가?

첫째, 내가 제시한 해석은 어디까지나 '나 자신의' 개인적인 견해임이 너무나 분명하다는 것이다. 하지만 나는 그들의 말이 이런 의미라고는 생각하지 않는다.

둘째, 그 말은 오류라는 연상을 불러일으킴으로써 무언의 반박을 하는 것일 수 있다. 제시된 견해가 내 것이라는 사실을 지적하는 것만으로도 상대방은 내 견해를 충분히 반박할 수 있다고 느낄지 모른다. 그가 '언급하지 않은' 전제에 대해 다른 사람들이 모두 알고 있을 경우에 말이다. 즉 R. C. 스프라울은 한 번도 옳은 적이 없고 그럴 수도 없으므로 그 입에서 나오는 말은 뭐든지 다 틀렸다는 것이다. 그러나 설령 사람들이 내 견해에 적대적이라고 하더라도 그렇게까지 생각했다고는 볼 수 없다.

셋째, 나는 대부분의 사람들이 이런 의미로 말을 했다고 생각한다. "그것은 당신의 해석이지요. 물론 당신은 그렇게 생각할 수 있습니다. 하지만 나는 당신의 해석에 동의하지 않습니다. 나의 해석도 동일하게 타당합니다. 우리의 해석이 서로 상반되고 모순된다 하더라도 두 해석 모두 옳을 수 있습니다. 당신이 좋아하는 것은 무엇이든지 당신에게 참이고, 내가 좋아하는 것은 무엇이든지 내게 참입니다." 바로 이것이 주관주의다.

주관주의subjectivism와 주관성subjectivity은 다르다. 진리에 주관적 요소가 있다고 말하는 것과 진리는 전적으로 주관적이라고 말하는 것은 완전히 다르다. 진리든 거짓이든 그것이 나의 삶에 의미를 가지려면 어떤 식으로든지 나에게 적용되어야 한다. "조지아에 비가 내리고 있다"라는 말은 실제로 객관적인 사실일 수 있지만 나의 삶과는 아무 관련이 없다.

예를 들어보자. 그 말이 나와 관련이 있으려면, 비와 함께 우박이 심하게 내려 내가 돈을 투자한 복숭아 과수원이 큰 피해를 입었다는 사실이 알려져야 한다. 그렇게 되면 "조지아에 비가 내리고 있다"는 말이 나와 주관적인 관련성을 갖게 된다. 명제적 진리가 나를 감동시키고 나를 사로잡을 때 그것은 내게 주관적인 것이 된다. 성경 본문을 내 삶에 적용하는 것은 강한 주관적 함축성을 지닐 수 있다. 그러나 그것은 주관주의가 아니다. 주관주의는 사물의 객관적 의미를 우리 자신의 이해 관계에 따라 왜곡시킬 때 나타난다. "조지아에 비가 내리고 있다"는 말이 펜실베이니아에 살고 있는 나와는 아무 관련이 없을지 모르지만 그것은 여전히 의미가 있다. 조지아에 있는 농작물이나 가축들에게는 아닐지라도 그곳에 사는 사람들에게는 나름대로 의미가 있는 것이다.

주관주의는 진술된 어떤 진리가 단순히 주체에게 확장되거나 적용될 때가 아니라 그 주체에 의해 절대적으로 결정될 때 일어난다. 만일 우리가 성경을 왜곡시키지 않으려면 처음부터 주관주의를 피해야 한다.

우리가 성경의 객관적인 이해를 추구한다고 해서 성경을 차갑고 추상적이고 생명이 없는 무언가로 축소시키는 것은 아니다. 말씀을 자신에게 적용하는 필수적인 일을 하기 전에 우리는 그 말씀의 의미를 문맥 안에서 이해해야 한다. 성경의 특정 본문은 매우 다양하게 적용될 수 있지만 그 본문의 올바른 의미는 오직 하나일 수밖에 없다. 하나님께서 갈라진 혀로 말씀하시지 않는 한 서로 상충되고 배타적인 두 해석이 모두 참일 수는 없다. 성경 본문의 모순과 단일 의미의 문제는 나중에 4장에서 자세히 다룰 것이다. 지금 우리가 해야 할 일은 건전한 성경 해석의 목표들을 설명하는 것이다. 첫째 목표는 성경 본문의 객관적 의미에 도달하는 것과 주관주의적 해석으로 인해 일어나는 왜곡의 함정들을 피하는 것이다.

성경학자들은 소위 석의exegesis와 자기해석eisegesis을 구분한다.

석의釋義란 성경이 말하는 바를 설명하는 것을 의미한다. 이 용어는 '밖으로 인도하다'라는 뜻을 가진 헬라어 단어에서 온 것이다. 석의의 핵심 개념은 '~으로부터'from, 또는 '밖으로'out of를 의미하는 접두어 '엑스'ex에 있다. 성경을 석의하는 것은 본문 안에 있는 의미를 본문으로부터 밖으로 끌어내는 것이다. 반면에 자기해석이라는 용어는 석의와 어근은 같지만 접두어가 다르다. 헬라어에서 온 접두어 '에이스'eis는 '안으로'into를 의미한다. 따라서 자기해석이란 본문에 없는 의미를 본문 안으로 집어넣어 읽는 것이다. 석의는 객관적인 작업인 반면에 자기해석은 주관주의적인 작업이다.

우리는 모두 주관주의의 문제와 싸워야 한다. 성경은 종종 우리가 듣고 싶지 않은 것을 말한다. 그럴 경우에 우리는 귀를 막거나 눈을 가릴 수 있다. 성경이 우리를 비판하게 하는 것보다 성경을 비판하는 편이 훨씬 더 쉽고 덜 고통스럽다. 예수님께서 말씀하시고 나서 "들을 귀 있는 자는 들을지어다"(눅 8:8; 14:35)라는 말을 자주 하신 것은 이상한 일이 아니다.

주관주의는 오류와 왜곡을 낳을 뿐 아니라 교만을 불러일으킨다. 단지 내가 그것을 믿고 있다고 해서 내가 믿는 것을 믿거나, 또는 단지 그것이 나의 견해라고 해서 나의 견해가 옳다고 주장하는 것이야말로 교만의 대표적인 형태다. 나의 견해가 객관적인 분석과 증명의 시험을 견디지 못할 경우에는 겸손하게 그 견해를 포기해야 한다. 그러나 주관주의적인 사람은 객관적인 근거나 확실한 증거가 없음에도 불구하고 자기 입장을 고수하는 교만을 부린다. "당신이 믿고 싶은 것을 믿어도 좋습니다. 나는 내가 믿고 싶은 것을 믿겠습니다"라고 말하는 것은 겉으로만 겸손하게 들릴 뿐이다.

우리는 성경에 자기 생각을 과도하게 부과하는 경향이 있기 때문에 개인의 견해를 외적인 증거와 견해에 비추어 평가해야 한다. 지상에 존재하는 사람은 그 누구도 완전히 순수하게 성경을 이해할 수 없다. 우리는 모두 어느 정도 하나님의 뜻과 다른 견해와 생각을 마음에 품고 있다. 우리의 견해 가운데 어떤 것이 하나님의 뜻과 상반되는지를 정확히 안다면 그런 견해를 포기할 수 있을 것이다. 그러나 잘못된 견해를 분류해 내는 것은 몹시 어려운 일이다. 따라서 우리의 견해는 다른 사람들의 연구와 전문지식에 의해 점검되고 연마되어야 한다.

교사의 역할

16세기의 개혁교회는 두 종류의 장로들, 즉 가르치는 장로와 치리하는 장로들을 구분했다. 치리하는 장로들은 회중의 일들을 치리하고 관장하는 직무를 수행하도록 부름을 받았으며, 가르치는 장로들 또는 목사들은 주로 성도들을 가르치고 준비시켜 봉사의 일을 하게 하는 책임이 있었다.

우리는 20세기 후반에 들어서자 지역교회에서 평신도의 중요성이 눈에 띄게 회복되는 것을 목격했다. 가장 중요한 발전은 소그룹 성경공부 모임의 출현이다. 격식을 차리지 않는 친밀한 분위기 속에서, 그렇지 않았다면 성경에 관심이 없었을 사람들이 성경을 배우는 일에 열심을 내고 있다. 역동적인 소모임은 기본적으로 평신도들에게 초점을 맞춘 것이다. 평신도들은 이러한 성경공부 모임을 통해 서로 가르치고 자신들의 생각을 함께 나눈다. 그런 모임들은 교회를 갱신하는 일에 있어 매우 성공적이었다. 소모임 구성원들이 성경을 이해하고 해석하는 기술을 더 잘 습득할수록 교회를 갱신하는 일은 더 크게 성공할 것이다. 사람들이 성경을 펼쳐들고 함께 공부하기 시작하는 것 자체가 매우 놀라운 일이다. 그러나 동시에 그것은 극히 위험한 일이기도 하다. 지식을 나누는 것은 교회를 세우는 데 덕이 되지만 무지를 나누는 것은 교회에 파괴적이며 소경이 소경을 인도하는 문제를 야기할 수 있기 때문이다.

소모임과 가정 성경공부가 교회 갱신과 사회 변혁을 진작하는 일에 매우 효과적일 수 있으나, 그렇게 되려면 구성원들이 숙련된 교사들에게 어느 정도 가르침을 받아야 한다. 나는 과거와 마찬가지로 오늘날에도 교회에는 교육받은 목회자가 필요하다고 확신한다. 개인 성경연구와 해석은 교사들의 집단적 지혜를 통해 균형이 잡혀야 한다.

이것에 대해 오해하지 않기 바란다. 나는 교회가 종교개혁 이전의 시대, 즉 성경이 성직자들에게 사로잡혀 있던 시대로 돌아가야 한다고 말하는 것이 아니다. 나는 사람들이 독자적으로 성경을 연구하기 시작한 것과 개신교 순교자들이 헛되이 피를 흘리지 않았다는 사실이 기쁘다. 나의 요점은, 성경을 연구하는 평신도들은 목회자나 전문가의 지도를 받으면서 그렇게 하는 것이 지혜롭다는 것이다. 교회에 가르치는 은사를 가진 사람들을 허락하신 분은 바로 그리스도시다(엡 4:7-13). 그러므로 그리스도를 경외한다면 그가 주신 가르치는 은사와 직분도 존중해야 한다.

교사들이 적절한 교육을 받는 것은 중요하다. 물론 때로 신학 교육을 받지 않거나 훈련을 받지 않았음에도 불구하고 성경에 대한 놀라운 직관적 통찰력을 가진 교사들이 있다. 그러나 그런 사람들은 극히 드물다. 우리는 교사의 직분을 수행하도록 부름을 받았다고 하면서도 가르칠 만한 자격이 전혀 없는 사람들 때문에 자주 어려움을 당한다. 좋은 교사는 성경의 어려운 부분들을 설명할 수 있는 건전한 지식과 필수적인 기술을 갖추어야 한다. 따라서 성경 원어와 역사와 신학에 정통하는 것이 매우 중요하다.

구약성경에 기록된 유대인들의 역사를 살펴보면 이스라엘에게 가장 어렵고 지속적으로 위협이 된 것은 거짓 선지자나 거짓 교사들임을 알 수 있다. 이스라엘은 블레셋이나 앗수르보다 거짓 교사의 미혹에 더 자주 희생되었다.

신약성경도 초기 기독교회가 동일한 어려움을 겪었음을 보여준다. 거짓 선지자는 양들보다 받을 돈에 관심이 더 많은 삯꾼 목자와 같다. 그들은 성도들을 오도해 잘못을 범하게 하는 것이나 악을 행하게 되는 것을 개의치 않는다. 그렇지만 모든 거짓 선지자들이 악한 의도를 갖고 거짓을 말하는 것은 아니다. 많은 이들은 무지 때문에 그렇게 한다. 그러므로 우리는 악한 자들과 무지한 자들을 모두 피해야 한다.

하나님께서 이스라엘에게 주신 가장 큰 축복 가운데 하나는 그들에게 하나님의 뜻을 따라 가르치는 선지자들과 교사들을 보내신 것이다. 하나님께서 선지자 예레미야에게 말씀하신 엄숙한 경고를 들어 보라.

> 나의 이름을 팔아 거짓말로 예언하는 예언자들이 있다. '내가 꿈에 보았다! 내가 꿈에 계시를 받았다!' 하고 주장하는 말을 내가 들었다. 이 예언자들이 언제까지 거짓으로 예언을 하겠으며, 언제까지 자기들의 마음속에서 꾸며낸 환상으로 거짓 예언을 하겠느냐? 그들은, 조상이 바알을 섬기며 내 이름을 잊었듯이, 서

로 꿈 이야기를 주고받으면서, 내 백성이 내 이름을 잊어버리도록 계략을 꾸미고 있다. 꿈을 꾼 예언자가 꿈 이야기를 하더라도, 내 말을 받은 예언자는 충실하게 내 말만 전하여라. 알곡과 쭉정이가 서로 무슨 상관이 있느냐? 나 주의 말이다. 내 말은 맹렬하게 타는 불이다. 바위를 부수는 망치다. 나 주의 말이다. 그러므로 보아라, 내 말을 도둑질이나 하는 이런 예언자들을, 내가 대적하겠다! 나 주의 말이다. 하나님의 말씀을 전한다고 제멋대로 혀를 놀리는 예언자들을, 내가 대적하겠다! 나 주의 말이다. 허황된 꿈들을 예언이라고 떠들어대는 자들은 내가 대적하겠다. 나 주의 말이다. 그들은 거짓말과 허풍으로 내 백성을 그릇된 길로 빠지게 하는 자들이다. 나는 절대로 그들을 보내지도 않았으며, 그들에게 예언을 하라고 명하지도 않았다. 그러므로 그들은 이 백성에게 아무런 유익도 끼칠 수 없는 자들이다. 나 주의 말이다(렘 23:25-32, 새번역).

이러한 하나님의 심판의 말씀을 볼 때 신약성경에서 이렇게 경고하는 것은 그리 놀라운 일이 아니다. "내 형제들아 너희는 선생된 우리가 더 큰 심판을 받을 줄 알고 선생이 많이 되지 말라"(약 3:1). 우리에게는 건전한 지식을 갖추고 마음으로 하나님의 말씀을 거역하지 않는 교사들이 필요하다.

개인 성경공부는 그리스도인들에게 중요한 은혜의 방편이다.

그것은 우리 모두에게 특권이자 의무이다. 하나님은 우리에게 은혜롭고 자비하시므로 교회에 은사를 받은 교사들을 주셔서 우리를 돕게 하실 뿐 아니라 자신의 성령으로 말씀을 조명하시며 그 말씀을 우리의 삶에 적용하게 하신다. 하나님께서는 건전한 가르침과 부지런한 성경 연구에 복을 주신다.

3장
해석학: 해석의 과학

로마 가톨릭교회와 단절을 선언하고 성경이 교회보다 우월한 권위를 갖는다고 주장했던 종교개혁자들은 해석의 기본원리들을 매우 주의깊게 규정했다. 그들이 확립한 가장 중요한 해석 원리는 이른바 '신앙의 유비'이다. 이는 성경이 성경을 해석한다는 원리다. 다시 말해 성경이 성경 자체의 해석자라는 것이다. 이것은 성경의 어느 부분도 성경의 다른 부분에서 명백하게 가르치는 것과 모순을 일으키는 방식으로 해석할 수 없음을 의미한다. 가령, 어떤 본문을 두 가지 방법으로 번역하거나 해석할 수 있는 경우에 그 해석들 가운데 하나는 성경의 나머지 부분과 충돌을 일으키고 다른 하나는 조화를 이룬다면 후자의 해석을 채택해야 한다는 것이다. 이 원리는 성경이 성령의 감동을 받은 하나님의 말씀이며 따라서 일관성과 통일성을 갖고 있다는 중요한 확신에 근거한 것이다.

성경에 관한 현대의 논쟁들 가운데 상당수는 해석학의 문제에 속한다. 여기서 해석학이란 성경을 해석하는 학문을 가리킨다. 해석학hermeneutics이라는 용어의 어원이 되는 헬라어 '헤르메스'Hermes는 그리스 신화에 등장하는 신의 이름이다. 헤르메스는 신들의 사자使者로서 신들의 뜻을 해석하는 임무를 수행했다. 따라서 해석학은 이해 가능한 메시지의 전달 문제를 다루는 학문이다.

해석학의 목적은 해석을 위한 지침들과 규칙들을 확립하는 것이다. 해석학은 잘 발전된 학문으로 전문적이면서도 복잡하다. 기록된 문서는 어느 것이든 잘못 해석될 가능성이 있기 때문에 학자들은 그런 잘못된 해석에서 우리를 보호해 줄 수 있는 규칙들을 발전시켜 왔다. 이 책에서 나는 가장 중요하고 가장 기본적인 규칙들과 지침들만을 다룰 것이다.

역사적으로 볼 때 미국에는 이론적으로 국가를 위한 최고 해석위원회의 기능을 담당하는 특별 기관이 존재하는데, 바로 대법원이다. 대법원의 가장 중요한 기능은 국가의 헌법을 해석하는 일이다. 헌법은 성문 문서이며, 따라서 해석을 요청한다. 해석 기법은 엄격한 해석주의strict-constructionist(혹은 원본주의Originalism)와 관대한 해석주의broad-constructionist(혹은 역동주의living constitution) 사이를 오가며 발전되어 왔다.[9] 본래 헌법을 해석하는 절차는 엄격한 해석주의, 혹은 문법적 · 역사적 방법을 따라 이루어졌다. 다시 말해서 헌법 자체의 어떤 특정한 구절이 그 헌법을 제정할 당시에 어떤 의미를 가졌는가에 비추어 그 구절을 연구하는 방식으로 헌법을 해석해 온 것이다. 정치적 · 사회적 보수주의는 이러한 엄격한 해석주의를 선호한다.

그러나 올리버 웬들 홈즈Oliver Wendell Holmes Jr., 1841-1935가 관대한 해석주의 관점을 보급하기 위해 큰 수고를 한 덕택에[10] 헌법 해석 방법은 급격히 변화했다. 홈즈는 "[법은] 그 당시에 가장 보편적이라고 이해되는 것과 소통한다. 이로써 법은 계속 변화하며, 거기에 영원한 규칙이란 없다"라는 유명한 선언을 했다. 그는 또한 많은 법적 사고思考의 상당 부분은 그 기초가 법의 테두리 밖에 있다고 분명히 밝혔다. 법원이 홈즈가 지적한 바에 따라 헌법을 현대적 관점에서 해석할 때, 재해석이라는 수단을 통해 헌법을 변경하는 것과 같은 효과가 있다. 정치적 · 사회적 자유주의는 관대한 해석주의를 선호한다.

두 해석 방법 사이에 벌어진 논쟁으로 국가 최고 법원과 법에 대한 신뢰성에 위기가 생길 정도가 됐다. 대통령이 대법원에 누군가를 임명하고, 상원이 그 사람에 대한 비준 청문회를 여는 것을 볼 때 이 사실은 더욱 명백해진다. 지명자는 헌법을 어떻게 해석할 것인가? 많은 보수주의자들은 그가 헌법을 폭넓게 해석함으로써, 대법원이 자칫 해석기관이 아니라 입법기관이 되는 것을 두려워한다.

동일한 종류의 위기가 성경 해석 분야에도 일어나고 있다. 성경학자들이 재해석을 통해 '성경을 현대화하는' 해석 방법을 사용할 때 성경의 본래 의미는 모호해지고 성경의 메시지는 현대적인 견해에 따라 의미가 달라지고 만다.

신앙의 유비

로마 가톨릭교회와 단절을 선언하고 성경이 교회보다 우월한 권위를 갖는다(*Sola Scriptura*, 오직 성경)고 주장했던 종교개혁자들은 해석의 기본원리들을 매우 주의 깊게 규정했다. 그들이 확립한 가장 중요한 해석 원리는 이른바 '신앙의 유비'analogy of faith이다. 이는 성경이 성경을 해석한다는 원리다. 다시 말해 성경이 성경 자체의 해석자라는 것이다. 이것은 성경의 어느 부분도 성경의 다른 부분에서 명백하게 가르치는 것과 모순을 일으키는 방식으로 해석할 수 없음을 의미한다. 가령, 어떤 본문을 두 가지 방법으로 번역하거나 해석할 수 있는 경우에 그 해석들 가운데 하나는 성경의 나머지 부분과 충돌을 일으키고 다른 하나는 조화를 이룬다면 조화를 이루는 후자의 해석을 채택해야 한다는 것이다.

이 원리는 성경이 성령의 감동을 받은 하나님의 말씀이며 따라서 일관성과 통일성을 갖고 있다는 중요한 확신에 근거한 것이다. 하나님은 결코 스스로 모순을 일으키는 분이 아니므로 불필요하게 성경 자체를 모순되게 하는 해석을 채택하는 것은 성령을 모욕하는 것과 다름없다. 오늘날 성경의 영감을 부정하는 사람들은 이런 주의 깊은 태도를 상당 부분 포기했다. 성경을 성경 자체와 상반되게 해석할 뿐 아니라 고의로 그렇게 하는 현대의 성경 해석자들이 적지 않다. 신약학자인 크레이그 에반스는 말한다.

> 어떤 학자들은 자신이 더욱 회의적일수록 더욱 비판력을 갖추게 될 거라고 생각하는 것 같다. 그러나 과도하고 부당하게 회의적인 태도로 일관한다면 비평적이 되기보다는 앞으로 진행되는

이야기에 끌려다닐 공산이 크다. 내 생각에는, 비평주의라고 얘기하는 많은 경우를 놓고 보면 전혀 비평적이지 않았다. 그저 학식을 가장한 비평과 다름없었다. 이런 사고방식이 예수에 대한 왜곡된 묘사에 큰 몫을 담당했으며, 오늘날 많은 급진파 학자들이 복음서를 그런 식으로 대한다.[11]

난해한 구절들을 조화시키려는 정통 신앙을 견지한 학자들의 시도는 조롱을 당하고 대체로 무시당한다.

영감의 문제를 별개로 하더라도 신앙의 유비는 일반 문헌을 해석하는 건전한 하나의 방법이기도 하다. 가령 어떤 저자의 글에서 일관성을 의심할 만한 혐의가 제기되었을 때, 그래서 그의 글을 일관성 있는 것으로 해석할 수도 있고 모순이 존재하는 것으로 해석할 수도 있는 경우에 그 사람의 글은 '무죄 추정'benefit of doubt의 원칙(의심스러우나 증거가 불충분할 때 일단 피고에게 유리하게 해석하는 것 – 역자주)을 적용받아야 한다. 다시 말해 그의 글을 일관성 있는 것으로 해석해야 한다는 것이다.

가끔 내가 쓴 책들의 특정 부분에 대해 질문하는 사람들이 있다. 그들은 내가 4장에서 이러저러하게 말했는데 어떻게 6장에서는 이렇게 말할 수 있느냐고 묻는다. 내가 6장에서 말한 것의 의미를 설명해 주면 사람들은 그 두 생각이 궁극적으로 상충하는 것이 아니라는 사실을 깨닫는다. 6장의 관점은 4장의 관점과 다소 다른 것이다. 처음 볼 때에는 그 두 가지가 상충되는 것처럼 보이지만 '다시 보기의 원리'philosophy of the second glance를 활용하면 문제가 해소된다. 우리는 모두 이런 오해를 경험한다. 따라서 우리는 남들이 자신의 말을 신중하게 대해 주기를 바라는 것처럼 남들의 말을 신중하게 대해야 한다.

물론 내 글이 실제로 모순되는 경우도 있다. 따라서 이러한 신중한 접근과 '무죄 추정의 원칙'은 단지 모순이 존재한다는 의심이 있을 경우에만 적용해야 한다. 내가 모순을 저질렀다는 것에 대해 의심의 여지가 전혀 없는 경우에는 오직 비판을 받아야 한다. 그럼에도 불구하고 우리가 어떤 글을 일관된 방식으로 해석하지 않으면 그 글은 혼동의 덩어리가 되고 만다. 성경을 해석할 때 이런 일이 일어나면 성경은 그것을 해석하는 사람들이 어떤 배경을 가졌느냐에 따라 마치 피부색을 바꾸는 카멜레온처럼 되고 말 것이다.

그러므로 성경의 본질과 기원에 대한 우리의 관점이 성경을 해석하는 우리의 방식에 중대한 영향을 미친다는 것은 자명하다. 성경이 성령으로 영감된 하나님의 말씀이라면 신앙의 유비는 해석의 선택사항이 아니라 필수조건이 되어야 한다.

문자적 해석

"당신은 성경을 문자적으로 받아들이는 건 아니겠죠?" 나는 이런 질문을 자주 받는다. 질문하는 방식으로 보나 말투로 보나 그것은 질문이 아니라 비난에 가깝다. 그 질문이 함축하고 있는 의미는 이렇다. '오늘날과 같은 시대에 성경을 문자적으로 해석할 만큼 그렇게 순진하지는 않겠죠?' 이런 질문을 받을 때 나는 갑작스럽게 스콥스 원숭이 재판* 기록 보관소에 넘겨진 것 같은 느낌을 받는다.

하지만 나는 그런 질문을 받을 때 언제나 일정한 답변으로 응대한다. 나는 "그렇습니다"라고 대답하지도 않고, "가끔 그렇게 합니다"라고 하지도 않는다. 오히려 "물론입니다"라고 대답한다. 이것은 '올바른 정신을 가진 사람이라면 성경을 문자적으로 해석하지 않을 사람이 어디 있겠느냐?'는 뜻이다. 나는 사람들이 성경의 문자적 해석에 주목하게 만들려고 일종의 충격요법으로 그렇게 대답한다.

종교개혁 시대에 얻은 성경연구의 가장 중요한 진전 가운데 하나는, 성경을 문자적 의미에 따라 해석해야 한다는 원리다. 이는 루터가 전투적으로 옹호하면서 얻어낸 것이다. 루터가 문

* The scopes monkey trial, 1925년 고등학교 과학교사였던 스콥스 씨가 불법으로 학교에서 진화론을 가르쳤다 하여 일어난 소송 사건.

자적 의미를 강조한 이유를 알려면 이것이 출현한 역사적 상황과 그 용어 자체의 의미를 살펴보아야 한다. (지금 나는 루터에 대한 문법적 · 역사적 해석을 시도해야 한다!)

영어 단어 '리터럴'literal 은 문자letter 를 뜻하는 라틴어 '리테라'litera 에서 왔다. 따라서 문자적으로 해석한다는 것은 사용된 문자 또는 문자와 단어에 주의를 기울이는 것이다. 성경을 문자적으로 해석한다는 말은 성경을 문헌literature 으로 해석하는 것을 뜻한다. 다시 말해 성경 본문의 자연스러운 의미는 문법과 말과 구문과 문맥의 통상적인 규칙들에 따라 해석되어야 한다. '성경 해석에 관한 시카고 선언' 제15항은 이렇게 선언한다.

> 우리는 성경을 그 문자적 혹은 통상적인 의미에 따라 해석해야 할 필요성이 있음을 지지한다. 문자적인 의미라 함은 문법적-역사적인 의미인데, 그것은 저자가 표현하고자 하는 의미를 따르는 것을 말한다. 문자적인 의미에 따른 해석법은 본문에서 발견되는 모든 형태의 이야기와 문학 양식을 다 설명해 준다.

성경은 독특하게 성령의 감동을 받은 매우 특별한 책이다. 그러나 성경이 성령의 감동으로 기록되었다고 해서 본문의 단어들이나 문장들이 신비한 것으로 변하지 않는다. 성령의 감동을 받았지만 명사는 여전히 명사이고 동사는 여전히 동사이다. 의

문문이 감탄문이 되는 것도 아니며 역사적 내러티브narrative(이야기체의 문학 양식 – 역자주)가 알레고리allegories로 변하는 것도 아니다. 루터의 문자적 해석의 원리는 신비적이거나 지나치게 단순한 것이 아니다. 문자적 해석의 원리는 성경 본문에 대한 가장 면밀한 문헌적 연구를 요청하는 원리다. 성경을 정확하게 해석하려면 문법 규칙들을 알아야 하며, 무엇보다도 주의 깊게 장르 분석을 해야 한다.

문자적 해석과 장르 분석

장르genre라는 용어는 단순히 '종류,' '부류', '종'을 의미한다. 장르 분석은 문학 양식, 비유적 표현, 문체에 대한 연구를 포함한다. 우리는 모든 종류의 문학 작품에 대해 이런 연구를 한다. 그래서 서정시와 법률 문서를 구별하며, 사건을 보도하는 신문기사와 서사시를 구별한다. 또 역사적 내러티브와 설교 문체를 구별하며, 사실적인 생생한 묘사와 과장법을 구별한다. 성경을 연구할 때 이런 차이점들을 구별하지 않으면 해석상으로 많은 문제들에 봉착할 수밖에 없다. 실제 성경 해석에서 이런 문제가 일어나는 몇 가지 실례를 제시하는 것이 도움이 될 것이다.

요나서의 역사성에 관한 문제는 종종 문학적 분석literary analysis

과 관계된 논의의 중심이 되곤 한다. 성경의 무오성을 믿는 학자들 중에도 실제로 고래(또는 큰 물고기)가 요나를 삼켰다는 것을 믿지 않는 사람들이 많다. 요나서의 상당 부분(2장 전체)이 명백하게 시적인 문체로 기록되어 있다는 이유를 앞세워 어떤 학자들은 이 책에는 실제로 일어난 역사적 사건을 전달하려는 의도가 전혀 없다고 주장한다. 도리어 요나서를 역사적 사실을 말하려는 의도가 없는 서사시나 극시 같은 것으로 간주한다. 책 자체에 역사적인 성격이 없으므로 요나서를 역사로 간주해서는 안 된다는 것이다. 어떤 학자들은 다른 요인에 근거해 요나서의 역사성을 부인한다. 요나서가 바다에서 구출된 것에 대한 감사 부분을 시로 담은 일종의 역사적 내러티브 형태를 띠기는 하지만, 거기에는 자연의 기적이 포함되어 있으므로 요나서를 곧이곧대로 역사로 받아들여서는 안 된다고 주장한다. 이 학자들은 기적이 일어날 수 있다는 것을 믿지 않는다는 이유로 요나서의 역사성을 부인한다. 결국 첫째 부류의 학자들은 문학적 근거에서, 둘째 부류의 학자들은 철학적 · 신학적인 근거로 요나서의 역사성을 부인하는 것이다.

문학적 분석으로는 실제로 물고기가 요나를 삼킬 수 있었는지에 관한 철학적 문제들을 해결할 수 없다. 문학적 분석은 단지 이 책이 기적이 '실제로' 일어났다고 주장하는 건지 아닌지에 대한 판단 근거만을 제공할 뿐이다. 기적을 믿지 않는다고 해서,

다른 사람이 기적이 일어났다고 '말하는 것'조차 안 된다고 주장할 수는 없다(물론, 기적이 일어났다고 주장하는 일에 기적이 필요하지 않다면 말이다!).

문학적 불일치로 인해 문제들이 발생하는 또 다른 예는 과장법을 사용한 성경 본문에서 찾아볼 수 있다. 과장hyperbole이란 어원적으로 '(과녁을) 넘어가게 쏘는 것'을 의미한다. 어떤 사전은 이 단어를 '효과를 높이려고 지나치게 부풀린 진술'로 풀이한다. 과장법은 일반적으로 사용하는 언어 현상이다. 예를 들어, 신약성경의 한 기자는 "예수께서 모든 도시와 마을에 두루 다니사 그들의 회당에서 가르치시며 천국 복음을 전파하시며 모든 병과 모든 약한 것을 고치시니라"(마 9:35)라고 기록한다. 이 본문에서 그는 예수님께서 실제로 모든 마을을 빠짐없이 방문하셨음을 말하고 있는가? 그럴지도 모르지만, 그것은 의심스럽다.

오늘날 우리도 이와 동일한 방식으로 언어를 사용한다. 내셔널풋볼리그NFL에서는 수퍼볼Super Bowl에서 우승한 팀들이 고향으로 돌아왔을 때 수많은 팬들이 거리로 몰려나와 승리를 축하하고 선수들을 환영한다. 그때 통상 신문에서는 "도시 전체가 몰려나와 선수들을 환영했다"고 보도한다. 이 기자는 사람들이 그 기사를 읽고 실제로 시민들이 한 명도 빠짐없이 거리로 몰려나왔다고 이해하기를 기대했을까? 물론 아니다. 그 기사는 명백한 과장법을 사용해 작성된 것이다.

내가 아는 매우 유능한 성경학자는 예수님께서 겨자씨가 모든 씨들 가운데 가장 작다고 말씀하시는 실수를 범했다는 이유로 성경의 무오성을 부인한다. 물론 겨자씨보다 더 작은 씨들이 있는 것이 사실이므로 예수님과 신약성경이 겨자씨를 가장 작은 씨라고 말한 것을 잘못이라고 지적할 수 있다. 그러나 과장법을 사용한 것이 명백함에도 불구하고 예수님이나 성경에 오류가 있다고 비난하는 것은 문학적 분석에 무지한 탓이다.

문학적 분석은 또한 의인법personification으로 인해 비롯되는 혼동을 해결할 수도 있다. 의인법은 생명이 없는 사물이나 동물들에게 사람의 성격을 부여하는 시적 기법이다. 다시 말해, 비인격적인 것을 인격적인 용어로 묘사하는 것이다. 성경은 산들이 춤을 추고 손뼉을 친다고 말한다. 그런 비유적 표현들은 대체로 식별하기 쉽고 해석상의 어려움을 제기하지 않는다. 그러나 의인법의 문제가 때로는 심각한 논쟁을 불러일으키기도 한다. 예를 들어, 구약성경에는 발람의 나귀가 말을 한 사건이 기록되어 있다. 이것은 역사적 내러티브의 한가운데 시적 언어가 갑작스럽게 삽입된 경우인가? 말하는 동물이 등장하는 것은 본문에 우화가 포함되어 있음을 알려주는가? 아니면 그 이야기를 역사 속에서 하나님께서 행하신 기적이나 또는 하나님의 특별한 섭리로 보아야 하는가?

이런 질문들에 주관적인 방식으로 답하는 것이란 기적을 인정하거나 또는 부정하는 관점에서 판단해 말하는 것이다. 이와는 반대로 성경 본문에 문학적 기준들을 적용하는 것은 기록된 내용에 관한 질문들에 객관적인 방식으로 답하는 것이 된다. 후자의 예를 들어보자. 발람의 나귀에 관한 특정한 에피소드는 시나 우화의 특징이 없는 성경 본문의 중간 부분에 나타난다. 인접 문맥은 역사적 내러티브로 구성되어 있다. 그러나 나귀가 말을 한 것은 전체 본문에서 중대한 국면에 해당하기 때문에 여러 문제들을 불러일으킨다. 다시 말하지만, 지금 논의의 목적은 나귀가 말을 했는지의 여부가 아니라 의인화가 어떤 논쟁을 불러일으키는지 보여주려는 데 있다.

만일 우리가 전적으로 역사적 내러티브의 특성을 갖고 있는 어떤 본문을 단순히 의인법으로 간주한다면 그릇된 자기해석의 잘못을 범하는 것이다. 성경이 어떤 일을 실제로 일어난 것으로 주장하는 경우, 그것을 의인법으로 간주해 '교묘하게 설명할' 권리가 우리에게는 없다. 그것은 문학적이며 지적인 타협이다. 우리가 그런 일이 실제로 일어났다는 것을 못 믿는다면 그것을 믿지 못하겠다고 솔직하게 말해야 하며, 그것을 구약성경의 기록에 삽입된 원시적 미신으로 본다고 해야 할 것이다.

의인법과 관련해 맹렬한 논쟁을 불러일으킨 문제 가운데 하나는 창세기의 타락 기사에 등장하는 말하는 뱀이다. 네덜란드 개혁교회The Dutch Reformed Church는 이 문제에 대한 어떤 저명한 신학

교수의 견해를 둘러싸고 심각한 위기를 겪은 적이 있다. 이 논쟁이 최고조에 달했을 때 네덜란드를 방문한 칼 바르트는 "뱀이 말을 했습니까?"라는 질문을 받았다. 바르트는 "뱀이 뭐라고 말했습니까?" 하고 반문했다. 바르트의 재치 있는 대답의 의도는, '뱀이 실제로 말을 했는지는 중요하지 않다. 중요한 것은 그 뱀이 말한 내용이며 타락기사에서 그 말이 미친 영향이 무엇인가'를 보라는 것이었다. 창세기의 타락기사가 역사적인 사실이 아니거나 또는 역사적인 것으로 의도되지 않았다면, 물론 바르트는 옳다. 그러나 그의 대답은 네덜란드 사람들을 만족시키지 못했다. 그들의 관심은 실제로 말을 하는 뱀이 있었느냐의 여부가 아니라 교수가 그 기사의 역사성을 부인한 이유들에 있었기 때문이다.

창세기의 처음 몇 장은 문학적 장르를 정확히 규정하고자 하는 사람들에게 큰 어려움을 준다. 이 텍스트의 일부는 역사적 문헌의 특성을 지니고 있으나 다른 부분은 상징 문학에서나 접할 수 있는 이미지를 보여주기 때문이다. 아담은 지리적으로 실제 장소에 거주하는 실제 인간으로 묘사된다. 가장 의미심장한 것은 그가 가족의 족보 안에 등장한다는 것이다. 유대인들이 볼 때 그것은 신화적 인물에게는 매우 부적절한 것이다. 성경의 다른 곳에서 아담은 역사적 실체를 조금도 의심받지 않는 다른 인물들과 나란히 언급된다. 문학적 분석이라는 기준들로 판단할 때 이 모든 것은 아담을 역사적 인물로 볼 수 있게 하는 중대한 이유들이다. (물론 아담을 역사적 인물로 볼 수 있는 추가적인 신학적 이유들이 있다. 하지만 여기서 우리는 단지 문학적 분석의 문제만을 취급하고 있다.) 그러나 명백한 역사적 내러티브의 특성들에 더해 선과 악을 알게 하는 나무에 관한 언급이 창세기 본문에 등장한다. 이것은 어떤 종류의 나무인가? 그것은 어떤 잎을 가지고 있으며 어떤 열매를 맺는가? 이 나무의 이미지는, 예를 들어, 요한계시록과 같은 묵시 문학에서 볼 수 있는 일종의 상징주의의 특징들을 지니고 있다.

이처럼 성경의 처음 몇 장에서 우리는 역사적 내러티브의 요소들과 상징주의의 요소들이 독특한 방식으로 혼합된 문학 양식을 만난다. 이 문헌이 어떤 종류의 것인지를 결정한 뒤에야 비로소 우리는 그것이 역사로서 우리에게 전달하려는 것이 무엇인지를 분별할 수 있다. 이것을 분별한 뒤에야 비로소 우리는 그 문헌의 신빙성 문제로 옮겨갈 수 있는 것이다. 나는 성경이 실제로 무엇을 말하는지를 분별하는 일과 성경이 말하는 것이 참인지 아닌지의 문제 사이의 차이를 주의 깊게 구별해야 한다는 점을 다시 한 번 강조하고자 한다.

은유의 문제

은유metaphor란 특정한 대상이나 개념을 의미하는 단어나 구절을 다른 것 대신 사용해 양자 사이의 유사성이나 유비를 나타내는 비유적 표현을 가리킨다. 성경은 은유를 자주 사용하며, 예수님의 말씀에도 은유가 자주 등장한다. 대부분의 경우에는 은유를 비교적 쉽게 식별할 수 있다. "내가 문이니 누구든지 나로 말미암아 들어가면 구원을 받고"(요 10:9)라는 예수님의 말씀을 어떻게 이해해야 하는가? 우리는 피부를 가진 반면에 예수님은 마호가니 합판을 갖고 있음을 의미하는가? 우리는 팔을 가진 반면에 예수님은 경첩을 갖고 있다는 것인가? 우리는 배꼽을 가진 반면에 예수님은 문고리를 갖고 있다는 것인가? 물론 이런 결론은 말도 안 되는 것이다. 이 본문에서 예수님은 존재를 표현하는 동사를 은유적 의미로 사용하신다.

최후의 만찬 자리에서 예수님께서 떡을 떼어 주시며 "이것은… 내 몸이라"(눅 22:19)고 말씀하신 의미는 무엇인가? 떡은 은유적인 방식으로 예수님의 몸을 나타내는가? 아니면 실제로 그리고 '문자적' 의미에서 예수님의 몸이 되었는가? 이 본문의 경우에 문학적 양식은 그다지 분명하지 않다. 문학적 분석에서 나타난 차이점들은 성만찬의 의미와 관련해 심각한 교회 분열을 일으켰다. 루터와 칼빈이 결코 합의에 도달할 수 없었던 극

소수의 쟁점들 가운데 하나가 바로 예수님이 하신 이 말씀의 의미에 관한 것이었다. 칼빈과 루터의 대표자들이 교섭을 하는 과정에서 루터는 "이것은 내 몸이라. 이것은 내 몸이라…"*Hoc est corpus meum; hoc est corpus meum...*하고 반복해서 말했다.[12] 루터와 칼빈이 성경의 권위를 인정한 것을 감안할 때, 만일 그들이 성경이 실제로 무엇을 말하는지에 대해 합의점을 찾을 수만 있었다면, 분명히 두 사람 모두 그것을 따랐을 것이다.

결국 성경의 문자적 의미를 추구하는 고전적인 방법은 성경에서 사용한 다양한 문학 양식과 비유적 표현들을 통해 전달되는 것이 무엇인지를 밝히는 것이다. 이 방법은 성경을 순화시키거나 약화시키려는 목적이 아니라 성경을 올바르게 이해해 성경이 하나님의 백성의 신앙과 실천을 위한 더 효과적인 안내자가 되게 하려는 목적으로 수행되었다.

중세시대의 사중적 의미

비록 루터가 성경의 문자적 의미를 강조한 최초의 인물은 아닐지라도 그는 이른바 사중적四重的 의미를 추구하는 당시의 지배적인 해석 방법에 가장 큰 충격을 가했다. 사중적 의미란 교회사의 초창기에 뿌리를 둔 사중적 해석 방법을 가리킨다. 클레멘

트Clement와 오리겐Origen의 저작 이후에 많은 성경 주석가들은 기발한 풍유적 방법을 사용해 성경을 해석해 왔다. 중세 시대에 이르러 사중적 해석방법은 교회 안에 확고하게 자리 잡았는데, 이 방법은 각 본문에서 네 가지 의미, 즉 문자적, 도덕적, 풍유적, 천상적 의미를 추구했다.

성경의 문자적 의미는 분명하고도 명백한 의미로 규정되었다. 도덕적 의미는 사람들에게 행동 방식을 가르치는 의미였고, 풍유적 의미는 신앙의 내용을 알려주는 것이었다. 천상적 의미anagogical sense에서는 미래의 소망을 표현했다. 예를 들어, 예루살렘을 언급하는 본문은 네 가지 다른 의미를 지닌 것으로 간주되었다. 문자적 의미는 유대의 수도이자 국가의 중앙 성소가 있는 곳을 가리킨다. 도덕적 의미로는 인간의 영혼(인간의 '중앙 성소')을 가리키며, 풍유적 의미는 교회(기독교 공동체의 중심)이다. 예루살렘의 천상적 의미는 천국(하나님의 백성을 위한 미래의 거처가 되는 궁극적인 소망)이다. 따라서 예루살렘이라는 단일 표현은 동시에 네 가지를 의미할 수 있었다. 성경에서 어떤 사람이 예루살렘에 올라갔다고 말할 경우에 그것은 그 사람이 지상에 있는 실제 도시에 갔다는 뜻일 수 있고, 그의 영혼이 도덕적으로 탁월한 경지에 '올라섰다'는 뜻일 수도 있으며, 교회에 가야 한다는 의미거나, 또는 언젠가 천국에 가리라는 것을 뜻할 수도 있다.

당시에 매우 지성적인 사람들이 이런 이상한 해석방법을 사용했다는 것은 참으로 놀라운 일이다. 심지어 신학 연구를 주로 그 문자적 의미로 제한했던 어거스틴과 아퀴나스까지도 자주 사중적 의미에 따라 엉뚱한 사색을 했다. 이런 방법이 어떻게 이루어졌는지를 알려면 선한 사마리아인의 비유에 대한 어거스틴의 알레고리적(풍유적) 해석을 잠시 살펴보면 된다. 성경 주석가들은 성경 본문의 명백한 의미의 표면 아래를 파고들어 온갖 종류의 기묘한 것들을 찾아냈다. 마르틴 루터는 다른 폐해들과 함께 이런 폐해에도 반대했다. "어떤 사람들은 무지함으로 이러한 사중적 의미 즉 문자적, 풍유적, 천상적, 교훈적 의미를 성경에 적용시킨다. 하지만 여기에는 어떤 근거도 없다."[13]

루터는 성경 본문의 다중적 의미를 거부했지만 그렇다고 성경을 한 가지 의미로만 한정시켜 적용하지는 않았다. 비록 어떤 성경 구절이 한 가지 의미만 갖고 있을지라도 그것은 우리 삶의 다양한 상황에 수없이 많은 의미로 적용될 수 있다. 나는 어느 신학교의 교수 한 사람을 알고 있는데, 그는 강의 첫날에 학생들에게 신약성경에서 한 구절을 읽고 그 구절에서 배운 교훈 50가지를 적어오라는 과제를 내주었다. 학생들은 교수의 요구에 응해 열심히 주석들을 비교하면서 밤늦게까지 과제를 했다. 다음날 아침에 교수는 학생들의 수고를 인정해 준 뒤에 이튿날까지 같은 본문에서 교훈 50가지를 더 적어오라는 과제를 내주었다. 물론 그의 의도는 성경의 한 구절에 포함된 진리의 부요함과 깊이를 학생들의 마음에 강하게 인식시키려는 것이었다. 그 교수는 비록 성경의 본문이 단일한 의미를 갖고 있을지라도 그 적용은 풍부하고 다양하다는 것을 극적으로 보여주었다. 이와 관련해 '성경 해석에 관한 시카고 선언'은 "우리는 각각의 성경 본문에는 단일하고 한정적이며 고정된 의미가 있음을 확신한다. 이러한 단일한 의미를 인식한다고 해서 그 적용에 있어서 다양성을 무시하는 것은 아니다"[14]고 밝힌다.

신앙의 유비와 문자적 의미sensus literalis를 추구하는 원리는 둘 다 무절제한 사변과 주관주의적 해석을 방지하는 데 반드시 필요한 안전장치들이다. 앞에서 정의한 대로, 문자적 의미는 성경 전체를 억지로 역사적 내러티브의 틀에 끼워 맞춘다는 뜻이 아니다. 사실, 문자적 의미를 추구하는 것은 바로 그러한 잘못을 막아주는 안전장치이며, 또한 상징적 의미가 없는 성경 본문에 상징적 의미를 부과해 성경을 왜곡하는 것을 막는 안전장치이기도 하다. 우리는 두 가지 방법 중 어느 한 가지로 성경을 왜곡할 수 있다. 하나는 다른 방법보다 더 세련된 것일 수 있지만 성경을 왜곡하는 것은 마찬가지다.

문법적 · 역사적 방법

신앙의 유비 및 성경의 문자적 의미와 밀접하게 관련된 해석법이 이른바 문법적 · 역사적grammatical-historical 방법이다. 이 방법은 문학적 양식뿐 아니라 문법 구조와 성경이 기록된 역사적 상황에 주의를 집중한다. 기록된 진술들은 특정한 문법 구조를 지닌 형태로 우리에게 전달된다. 상업적 편지에 고유의 규칙들이 있듯이 시詩도 그러하다. 성경을 해석할 때 직접 목적어와 서술 주어나 서술 형용사의 차이를 아는 것이 중요하다. 국어 문법을 아는 것뿐 아니라 히브리어와 헬라어 문법의 특성들을 아는 것도 유익하다. 예를 들어, 일반 대중이 헬라어 문법을 잘 알고 있다면 여호와의 증인들은 요한복음 1장으로 그리스도의 신성을 부인하는 자기들만의 해석을 선전하는 일에 훨씬 많은 어려움을 겪게 될 것이다.

문법 구조는 어떤 문장을 질문(의문문)으로 취해야 할지, 명령(명령문)으로 취해야 할지, 아니면 서술(서술문)로 취해야 할지를 결정해 준다. 예컨대, "너희는 내 증인이 되리라"(행 1:8)는 예수님의 말씀은 미래의 일에 대한 예언인가, 아니면 주권적인 명령인가? 국어 문장은 분명하지 않다. 그러나 헬라어 문법 구조는 예수님께서 미래의 일을 예언하시는 것이 아니라 명령하시는 것임을 분명히 보여준다.

언어에서 모호한 부분들은 문법 지식을 습득하면서 해소되고 명료해질 수 있다. 예를 들어, 바울이 로마서를 시작하면서 자신이 '하나님의 복음'the gospel of God을 전하도록 부름을 받은 사도라고 말할 때, 이 표현에서 '의'of 는 어떤 의미인가? 그것은 복음의 내용을 가리키는가, 아니면 복음의 출처를 가리키는가? 그것은 '~에 관한'about을 의미하는가, 아니면 소유를 나타내는 속격a genitive of possession인가? 바울이 하나님에 관한about 복음을 전하려 한다는 것인지, 아니면 하나님에게서from 오며 하나님께 속한 복음을 전한다고 말하는 것인지는 문법이 결정할 것이다. 이 둘 사이에 존재하는 큰 차이는 오직 문법 분석으로만 해결할 수 있다. 헬라어 구조는 이 질문에 대한 답을 제시하는데, 즉 '의'of가 소유를 나타내는 속격임을 알려준다.

다음으로 역사적 분석은 성경의 책들이 기록된 배경과 상황을 연구한다. 이것은 성경이 그 역사적 맥락에서 의미하는 바를 이해하는 데 반드시 필요하지만, 동시에 그만큼 위험하다. 이에 대해서는 5장에서 설명할 것이다. 성경에 기록된 것을 적절하게 이해하려면 역사적 연구가 반드시 필요하다. 성경 각 책의 저자, 기록 시기, 수신자의 문제들은 각각의 책을 분명히 이해하는 데 중요하다. 우리가 어떤 책을 누가, 누구에게, 어떤 상황에서, 어느 시기에 기록했는지를 안다면, 그런 정보는 그 책을 이해할 때 직면하는 어려움을 크게 완화시켜 줄 것이다.

예를 들어, 히브리서에는 매우 난해한 문제 본문들이 많다. 히브리서를 누가 썼는지, 수신자들인 '히브리인들'이 누구였는지, 그리고 무엇보다도 중요한 것은 어떤 형태의 배교 행위가 수신자 공동체의 삶을 위협했는지를 모르기 때문에 해석상의 어려움이 커진다. 만일 이런 문제들 가운데 한두 가지에 대해 확실히 답할 수 있다면, 히브리서가 제기하는 특별한 문제들을 해결하는 데 상당한 효과가 있을 것이다.

자료 비평

소위 자료 비평source criticism은 몇 가지 측면에서 성경에 빛을 비추어주는 유용한 방법이다. 마가복음이 가장 먼저 기록되었으며, 마태와 누가는 마가복음을 앞에 놓고 자신들의 복음서를 기록했다는 이론(이른바 '마가복음 우선설' – 역자주)을 받아들이면 세 복음서의 관계에 관한 문제들 중 상당 부분을 설명할 수 있다. 우리는 마태와 누가가 모두 마가복음에는 없는 특별한 정보들을 포함하고 있음을 안다. 따라서 누가와 마태는 마가에게는 없거나 또는 마가가 사용하지 않은, 특별한 자료를 가지고 있었던 것으로 보인다. 더 자세히 살펴보면 마가복음이나 누가복음에서는 발견되지 않는 독특한 자료가 마태복음에 있음을 알 수 있다. 또 다른 복음서에는 없고 오직 누가복음에만 등장하는 독특한 자료가 있음을 알 수 있다. 따라서 우리는 마태복음이나 누가복음에서만 발견되는 자료들을 분리해 냄으로써 그들이 복음서를 기록할 때 선호한 것들과 특별한 관심사들을 식별할 수 있다. 저자의 기록 목적을 알면 그가 기록한 내용을 이해하는 데 도움이 된다. 오늘날에 일반서적을 읽을 때에도 저자의 서문을 읽는 것은 중요하다. 대체로 저자가 책을 쓴 목적과 관심사들이 서문에 제시되기 때문이다.

우리는 자료 비평 방법을 사용해 특정한 저자에게서만 나타나는 공통 자료들을 분리해 낼 수 있다. 예컨대, 우리가 가지고 있는 마리아의 남편 요셉에 관한 거의 모든 정보는 신약성경에서 마태복음에서만 발견된다. 왜 그런가? 또 마태는 다른 복음서 기자들보다 구약성경을 훨씬 더 많이 인용하는데 그 이유는 무엇인가? 대답은 분명하다. 마태가 유대인 독자들을 대상으로 복음서를 기록하고 있기 때문이다. 유대인들은 메시아직에 대한 예수님의 적법성에 의문을 가졌던 사람들이었다. 예수님의 법적인 아버지는 요셉이었고, 그 사실을 보여주는 것은 예수님의 계보를 입증하려는 마태에게 지극히 중요한 일이었다.

같은 방법으로 우리는 누가가 명백히 자신의 복음서를 마태보다 더 넓은 계층의 독자들을 대상으로 기록했으며, 이방 세계에 복음을 전하는 데 지대한 관심을 갖고 있었음을 알 수 있다.

예를 들어, 그는 복음 적용의 '보편성'universality을 강조한다.

저자와 기록 연대

저자와 기록 연대의 문제도 본문을 적절하게 이해하는 데 중요하다. 시대가 지남에 따라, 그리고 지역에 따라 언어의 의미가 달라질 수 있으므로 책의 저작 장소와 저작 연대를 가능한 한 정확하게 결정하는 것이 중요하다. 연대와 저자를 밝히려는 노력은 성경학자들이 채택한 연구 방법들의 차이 때문에 신학적 논쟁에서 주요한 논쟁의 요인이 되었다.

연대를 밝히는 문제를 자연주의적 관점a naturalistic perspective에서 엄격하게 다루다 보면 미래에 대한 예언을 포함하고 있는 책들을 예언된 사건들과 같은 시대나 그 이후 시대에 기록된 것으로 간주하게 된다. 이것은 성경문헌과 맞지 않는 외부적이며 역사적인 기준들을 부당하게 그 책들에 부과한 사례이다.

저자와 연대의 문제는 서로 밀접하게 연결되어 있다. 만일 우리가 특정한 책을 누가 기록했는지 알고, 또한 그 사람이 언제 살았는지 안다면 그 책이 기록된 연대를 쉽게 알 수 있을 것이다. 이런 이유 때문에 학자들은 이사야서나 디모데후서의 저자 문제를 둘러싸고 격렬하게 논쟁을 벌인다. 만일 실제로 이사야가 이사야서를 썼다면 우리는 미래 예언을 기록한 놀라운 책을 가지고 있는 것이며, 이것은 성경의 영감에 대한 차원 높은 견해를 요청한다. 반대로 만일 이사야가 자기 이름이 붙은 책 전체를 쓰지 않았다면 성경에 대한 비판적인 견해가 정당화될 것이다.

현대의 고등 비평가들이 바울 서신들을 다뤄온 방식을 보면 너무 터무니가 없어 웃음이 나올 정도다. 그들은 바울이 쓴 거의 모든 서신들을 하나씩 돌아가며 그에게서 빼앗았다가 다시 돌려주는 일을 반복했다. 그들이 저자 문제를 비판하는 데 사용한 가장 비과학적인 방법들 중 하나는 소위 '하팍스 레고메나'*hapax legomena*("단 한 번 말하여진"이라는 헬라어 표현을 소리나는 대로 표기한 것 – 역자주)의 사용 빈도에 대한 연구이다. '하팍스 레고메나'는 동일 저자가 쓴 다른 책에서는 발견되지 않고 특정한 책에서만 (단 한 번) 나타나는 단어나 어구를 가리키는 표현이다. 예컨대, 에베소서에는 바울 서신의 다른 곳에서 나타나지 않은 단어가 36개나 등장하는데, 이것에 근거해 바울이 에베소서를 쓰지 않았다거나 쓸 수 없다고 결론을 내리는 것이다.

나는 네덜란드에서 대학원 공부를 하기 위해 급히 네덜란드어를 배운 적이 있는데, 그때 하팍스 레고메나를 지나치게 중요하게 여기는 것이 어리석다는 사실을 확실히 알게 되었다. 나는 베르까워G. C. Berkouwer가 네덜란드어로 쓴 신학 서적을 여러 권 읽으면서 '귀납적 방법'으로 네덜란드어를 배웠다. 제일 먼저는 『그리스도의 인격』*The Person of Christ*이라는 책을 읽기 시작했다. 나는 이 책의 첫 장에 나오는 첫 단어부터 사전을 찾아보고, 카드를 준비해 카드 한쪽 면에 네덜란드어 단어를 쓰고 다른 면에 그것에 해당하는 영어 단어를 쓰는 방식으로 베르까워의 단어들을 익히기 시작했다. 이런 식으로 『그리스도의 인격』에 나오는 단어들을 카드에 정리했더니 무려 6천 개가 넘었다. 다음으로 읽은 책은 베르까워의 『그리스도의 사역』*The Work of Christ*이었는데, 이 책에는 첫 번째 책에 나오지 않는 단어들이 3천 개가 넘었다. 그것은 (그들에 의하면) 베르까워가 『그리스도의 사역』을 쓰지 않았다는 중요한 증거가 된다! 그러나 베르까워가 『그리스도의 인격』을 쓴 지 겨우 1년 뒤에 『그리스도의 사역』을 썼다는 사실을 주목하라. 그는 두 책에서 동일한 주제(기독론)를 다루었고 동일한 독자들을 대상으로 썼다. 그런데도 두 번째 책에서 그는 첫 번째 책에서 사용하지 않았던 단어 수천 개를 사용한 것이다.

또한 베르까워의 첫 번째 책의 분량은 지금까지 전해지는 사도 바울이 쓴 서신들의 전체 분량보다 훨씬 더 많다. 베르까워의 책에 비하면 바울 서신들은 매우 짧다. 그의 서신들은 매우 다양한 독자들을 위해 기록되었고 다양한 주제와 쟁점을 다루고 있으며 오랜 기간에 걸쳐 기록되었다. 그런데도 어떤 성경학자들은 바울의 다른 서신들에서 발견되지 않는 소수의 단어들을 특정한 서신에서 찾아내고는 흥분을 금치 못한다. 바울이 여섯 살 아이 수준의 어휘를 갖고 있다고 가정하지 않는 한 우리는 그런 터무니없는 추정에 주의를 기울여서는 안 된다.

요점을 반복하자면, 건전한 해석을 하려면 특정한 책의 문법과 그것이 기록된 역사적 정황을 주의 깊게 분석해야 한다는 것이다. 반드시 이런 작업이 수행되어야 한다. 고등 비평가들은 성경의 언어, 문법, 역사적 배경에 관한 우리의 지식을 확장하는 데 상당한 공헌을 해온 게 사실이다. 그런데 그들 대부분이 받아들인 자연주의적 가정들naturalistic assumptions은 때때로 그들이 쓴 많은 저서들에 어두운 그림자를 드리우기도 한다. 그렇지만 언어적이며 역사적인 분석 자체는 필수다. 우리는 그런 종류의 분석을 통해서만 그릇된 길로 빠지는 학자들을 저지하는 데 필요한 수단을 확보할 수 있다.

문법적 오류

해석의 기본적인 실제 원리들로 옮겨가기 전에 문법에 관련된 또 다른 문제 하나를 언급할 필요가 있다. 신약성경에서 사용한 문법 구조들을 면밀하게 분석하다 보면, 성경 영감설에 대해 여러 차례 의아한 생각이 들 수 있다. 예를 들어, 요한계시록을 헬라어 본문으로 읽으면 문법 구조에서 거칠고 조악한 문체를 발견할 수 있고, 또 많은 문법적 '오류들'이 있음을 알 수 있다. 이것 때문에 어떤 사람들은 성경 무오inerrancy뿐 아니라 성경 영감inspiration의 개념을 공격한다. 그러나 성경의 영감설과 무오설을 공식화할 때 이러한 문법적 오류들은 충분히 감안되었다. 시카고 선언은 "그리스도께서 인성을 지니셨지만, 수치를 당하시면서도 죄가 없으셨던 것처럼, 성경은 겸비하고 인간적인 형태를 띠고 있지만 오류는 없다"[15]고 말한다.

성경은 '성령 헬라어'Holy Ghost Greek로 기록되지 않았다. 개신교 정통주의에서 말하는 영감이란 성령께서 인간 저자들이 사용한 단어들과 '문체'를 그대로 '받아 적었음'을 의미하지 않는다. 또한 성경 저자들은 전적으로 성령의 조작대로 수동적으로 움직인 자동기계로도 간주되지 않았다. 성경 무오설은 문법적 오류들을 미리 배제하는 것을 뜻하지 않는다. 무오설은 성경의 '전적인 진실성'을 나타낸다. 루터가 성경은 결코 오류를 범하지 않는다고 말했을 때 그 말은 성경이 선포하고 있는 진리와 관련해서 성경에 결코 오류가 없음을 의미하는 것이다. 우리는 이와 유사한 것을 위증죄와 관련한 미국의 배심원 제도에서 볼 수 있다. 어떤 무고한 사람이 증인석에서 범죄 혐의에 대해 추궁을 받는 과정에서 "나는 언제고 아무도 죽이지 않았습니다요"I ain't killed nobody no time라고 문법적으로 서투른 대답을 했다고 해서 그 서투른 문법을 문제 삼아 그를 위증죄로 고발할 수는 없다.

지금까지 살펴본, 중요한 해석 원리 세 가지는 성경 해석과 관련해 우리를 개인적으로 부요하게 만드는 데 도움을 준다. 신앙의 유비는 성경 전체를 조망하게 해주며 성경의 다른 부분을 배제한 채 어느 한 부분만을 과장하는 잘못에서 우리를 지켜준다. 문자적 의미는 우리의 상상력이 황당한 해석으로 달려가는 것을 막아주며 성경의 문학적 양식을 면밀히 살펴보게 한다. 문법적 · 역사적 방법은 우리의 관심을 본문의 본래 의미에 집중하게 해주며 현재의 상황에서 끌어낸 우리 자신의 생각을 '성경 안으로 넣어서 읽는' 잘못을 막아준다. 이제부터 우리는 이러한 원리들이 실제로 성경을 해석하는 데 어떻게 적용되는지를 살펴볼 것이다.

4장
성경 해석을 위한 실제적 규칙들

하나님의 말씀을 해석하고 그대로 실천하며 살아가는 길에 있어 우리의 교만과 거만함, 혹은 게으름이 방해거리가 되어서는 안 된다. 우리는 항상 말씀의 권위 아래에 서야 하며 우리는 오류를 범할 수 있음을 겸손히 인정해야 한다. 그렇지만 선지자와 복음서 즉 구약과 신약에 비추어 우리의 성경 이해가 오류를 범한 것이 아닌 한, 루터가 그랬던 것처럼 우리는 그 어떤 잘못도 인정해서는 안 된다. 우리는 오직 성경에만 복종해야 한다. 이것이 우리가 서 있어야 하는 자리이다.

이번 장에서 나는 성경을 해석하는 데 필요한 가장 기본적이고 실제적인 규칙들을 제시할 것이다. 이 규칙들은 앞장들에서 제시한 몇 가지 원리에 근거한 것이다.

규칙 1: 다른 책을 읽는 방법으로 성경을 읽으라

이 규칙은 매우 중요하기 때문에 가장 먼저 취급해야 한다. 하지만 이것은 오해하기 쉬운 규칙이기도 하다. 다른 책을 읽는 것과 같은 방법으로 성경을 읽어야 한다는 말은, 성경이 모든 면에서 다른 책들과 같다는 것을 의미하지 않는다. 나는 성경이 특별한 방식으로 성령에 의해 감동을 받은 무오한 책이며, 이런 점에서 성경을 다른 책들과 비교할 수 없다고 믿는다. 그렇다고 해서 성경을 해석할 때 해석의 기본적인 문학적 양식들을 변화시키는 어떤 특별한 마술적 방법을 사용해야 하는 것은 아니다. 성경 해석의 첫 번째 규칙은 문자적 의미의 원리를 성경에 적용해야 한다는 것이다. 다른 책에서와 같이 성경에서도 동사는 동사이며 명사는 명사이기 때문이다.

그러나 만일 성경을 다른 책을 해석하는 것과 같은 방법으로 해석해야 한다면, 기도는 어떻게 되는가? 성경을 해석할 때 성령 하나님의 도움을 구해야 하지 않는가? 다른 책들과는 다르게 이 책, 곧 성경을 이해하는 것에는 신적 조명이 약속되어 있지 않은가?

성경 해석과 관련해서 기도와 신적 조명에 관한 문제를 제기할 때, 우리는 성경이 다른 책들과 구분되는 전혀 다른 영역으로 들어가는 것이다. 살아 있는 하나님의 말씀과 성령을 통해 우리 양심은 이 사실을 확고히 안다. 다른 곳에서 나는 이렇게 쓴 바 있다.

> 성경 진리에 대한 우리의 개인적인 확신은 성경 자체에서 발견되는 외적 증거들에 의존하지 않는다. 그것은 우리 마음 안에 성령 하나님께서 특별하게 일하신 결과 확증되는 증거들이다. 성령께서는 성경이야말로 참으로 하나님의 말씀임을 우리 인간의

영에 증거하신다. 여기서 하나님께서 직접 자신의 말씀의 신실함을 확증하시는 것이다.[16]

성경 말씀을 우리의 삶에 적용하여 영적인 유익을 얻으려면 반드시 기도가 필요하다. 또 성경 본문이 지닌 영적인 의미를 조명하여 깨닫는 일에는 성령이 중요하다. 이에 관하여 '성경 해석에 관한 시카고 선언'은 "우리는 성령께서 신자들로 하여금 성경을 적절히 깨닫고 자기 삶에 적용하도록 하신다고 확신한다"[17]고 말한다. 그러나 역사적 내러티브와 은유의 차이점을 식별하는 일에는 기도가 크게 도움이 되지 않는다. 물론 우리가 성경을 해석할 때 맑은 정신과 순전한 마음을 주셔서 편견을 극복하게 해달라고 하나님께 진지하게 간구하는 것은 큰 도움이 될 것이다. 성경이 말하는 것을 아무런 편견 없이 바르게 들으려면 우리 마음이 반드시 성화되어야 한다. 또 우리의 나태한 성향을 극복하고 성실하게 성경을 연구하려면 반드시 하나님의 도움을 구해야 한다. 그러나 신비로운 번득임mystical flashes은 석의의 기본 작업에 그다지 도움이 되지 않는다. '행운의 손가락 디밀기'luckydipping라는 소위 신령한 방법은 한층 더 나쁘다.

이른바 '행운의 손가락 디밀기'란 하나님의 인도를 간구한 뒤에 성경을 떨어뜨려서 성경이 저절로 펼쳐지게 만들고, 눈을 감은 채 성경의 펼쳐진 부분에 손가락을 디밀어서 손가락이 닿는 성경 구절에서 하나님의 답을 얻는 방식을 말한다. 나는 대학교 4학년 때 황홀감에 사로잡혀서 나를 찾아온 어떤 기독 여대생을 기억한다. 그녀는 졸업이 가까워지는데도 결혼할 가망이 없자 소위 '졸업생의 공포'로 고민하고 있었다. 그녀는 자신의 배우자를 위해 열심히 기도했고 결국 하나님의 답변을 얻기 위해 행운의 손가락 디밀기를 시도했다. 그녀의 손가락은 스가랴 9장 9절을 가리켰다.

> 시온의 딸아 크게 기뻐할지어다.
> 예루살렘의 딸아 즐거이 부를지어다.
> 보라 네 왕이 네게 임하시나니
> 그는 공의로우시며 구원을 베푸시며
> 겸손하여서 나귀를 타시나니
> 나귀의 작은 것 곧 나귀 새끼니라.

그녀는 하나님께서 이 말씀을 주셨다고 믿고는 자신이 결혼할 날이 멀지 않았으며 자신을 데려갈 왕자님이 가까이 왔음을 확신했다. 아마도 그 왕자는 백마를 타고 오는 것은 아니었을지 모른다. 하지만 그녀는 왕자를 태운 나귀가 분명 자신에게로 다가오고 있음을 확신했다.

물론 이것은 결코 성경을 건전하게 사용하는 방법이 아니다.

그 본문을 기록할 때 선지자 스가랴나 성령께서 그런 일을 염두에 두지 않았다는 것은 너무나 자명하다. 그럼에도 불구하고 일주일가량 지난 뒤에 그 젊은 여성은 한 청년과 교제하기 시작했고, 몇 달이 지나지 않아 결혼에 성공했다. 이 사실을 말하는 것이 내게는 당황스럽다! 이 일은 약속을 확증하는 하나님 자신의 섭리를 통해서가 아니라 나쁜 방법을 통해 그녀가 얻게 된 확신에 해당된다.

규칙 2: 성경을 실존적으로 읽으라

나는 두렵고 떨리는 마음으로 이 규칙을 언급한다. 이 규칙은 심각하게 왜곡될 수 있고, 도움을 주기보다는 큰 문제를 일으킬 수 있기 때문이다. 이 규칙이 의미하는 바를 규정하기 전에 이것이 의미하지 않는 바를 분명히 규정하는 것이 필요하다.

우선 이것은 현대적인 '실존적' 성경 해석 방법을 사용해야 한다는 것을 의미하지 않는다. 이 방법에서는 성경 말씀을 역사적 상황에서 분리해 주관적인 의미를 추구한다. 예컨대 루돌프 불트만1884-1976은 일종의 실존적 해석학을 옹호하는데, 이 방법으로 그는 자신이 '즉각적' 계시punctiliar revelation라고 이름붙인 것을 추구한다. 여기서 계시는 역사적 지평에서 일어나는 것이 아니라 독자 자신의 개인적인 결단의 순간에 일어난다. 하나님은 '지금 여기서'hic et nunc 나에게 말씀하신다. 이런 접근법에서는 역사 속에서 실제로 일어난 일은 그다지 중요하지 않다. 중요한 것은 '무시간성의 신학'a theology of timelessness이다. 이 학파에 속한 학자들은 예수가 역사적으로 존재했는지의 여부는 그다지 중요하지 않다고 말한다. 중요한 것은 지금 우리에게 주어지는 메시지뿐이다. 예수는 역사적으로 실재했던 존재가 아니라 '해방'의 상징을 '의미할' 수 있다.

이런 접근 방식이 지닌 문제는 예수님께서 실제로 존재했고 죽었으며 부활하셨다는 사실이 참으로 중요하다는 것을 간과한 데 있다. 고린도전서 15장에서 사도 바울이 주장한 바와 같이 만일 그리스도께서 다시 사신 것이 없다면 "우리의 믿음은 헛된 것이다." 예수님의 실제적인 역사적 부활이 없다면 우리는 죽은 구세주와 함께 무력하기 짝이 없는 복음을 가지고 있을 뿐이다. 복음은 생명이 아니라 죽음으로 끝나고 말 것이다. 따라서 나는 실존주의자들의 현대적이고, 상대주의적이고, 주관주의적이며 반反역사적인 해석 방법을 결코 지지하지 않는다. 나는 실존적existential이라는 용어를 실존주의자들과는 다른 의미로 사용한다.

내가 의미하는 것은, 성경을 읽을 때 읽는 내용 자체에 열정적이며 인격적인 방식으로 몰두해야 한다는 것이다. 나는 본문을 개인적으로 적용하는 것뿐 아니라 본문을 이해하기 위해서도 이것을 옹호한다. 내가 요청하는 것은 일종의 감정이입인데, 이것은 우리가 읽고 있는 성경 인물들의 "심층으로 들어가려고" 노력하는 것이다.

성경 역사의 많은 부분들은 놀라울 정도로 간결하게 진술되어 있다. 다음의 사건을 생각해 보라.

> 아론의 아들 나답과 아비후가 각기 향로를 가져다가 여호와께서 명령하시지 아니하신 다른 불을 담아 여호와 앞에 분향하였더니 불이 여호와 앞에서 나와 그들을 삼키매 그들이 여호와 앞에서 죽은지라 모세가 아론에게 이르되 이는 여호와의 말씀이라 이르시기를 나는 나를 가까이 하는 자 중에서 내 거룩함을 나타내겠고 온 백성 앞에서 내 영광을 나타내리라 하셨느니라 아론이 잠잠하니(레 10:1-3).

무슨 일이 일어나고 있는가? 짧은 세 절 안에 아론의 아들들의 죄와 그것에 대한 처벌의 드라마가 간결하게 기록되어 있다. 아론의 반응에 대해서는 거의 아무 것도 말하지 않는다. 이 본문에서 우리가 읽을 수 있는 전부는, 모세가 하나님이 심판하신 이유들을 해명한 것과 아론이 잠잠했다는 것이다. 자기 아들들이 죽임을 당한 것을 보고 아론은 어떤 생각을 했을까? 행간에서 무엇인가를 읽어낼 수 있는가? 만일 아론이 나와 같은 사람이라면 아마도 그는 이렇게 생각했을 것이다. '대체 이게 무슨 일입니까? 하나님, 이건 말도 되지 않습니다. 나는 지금까지 내 삶을 희생하면서 당신을 위해 일하지 않았습니까? 그런데 당신은 어리석은 행동을 했다는 이유 하나만으로 제 아들들을 모두 없애 버리셨습니다. 해도 너무 하십니다.' 나는 이런 식으로 반응할 것이다. 하지만 내가 그런 반응을 보일 때 이스라엘의 거룩하신 하나님께서 "나는 나를 가까이 하는 자 중에서 내 거룩함을 나타내겠고 온 백성 앞에서 내 영광을 나타내리라"라고 말씀하시면서 제단의 신성함과 제사장 직무의 중대함을 상기시켜 주신다면, 나 역시 황급히 입을 다물고 말 것이다.

이처럼 우리 자신이 성경 인물들의 상황 속으로 들어가서 성경을 읽으면 그 의미를 더 잘 이해할 수 있다. 이것은 감정이입을 통해 성경 인물들의 감정을 느끼는 것이다. 우리가 행간에서 읽어 내는 것은 성경 본문의 일부로는 간주될 수 없다. 그러나 행간을 읽음으로써 우리는 본문에 기록된 사건의 묘미를 이해하는 데 도움을 얻을 수 있다.

『두려움과 떨림』*Fear and Trembling*이라는 책에서 쇠렌 키에르케고르는 아브라함이 이삭을 제물로 바치는 기사를 깊이 사색한다. 그는 "왜 아브라함은 자기 아들을 바치려고 아침 일찍 일어났는가?"라는 질문을 던진다. 그러고는 그 질문에 대한 가능한 답을 찾으면서 본문의 의미를 숙고한다. 이런 식으로 본문 읽기를 마쳤을 때 그는 마치 자신이 아브라함과 함께 모리아 산에 갔다가 돌아온 것 같은 느낌을 갖게 된다. 바로 여기서 그 기사의 드라마가 이해되는 것이다. 물론 이런 사색을 통해서도 본문이 실제로 말하는 것에 대한 신뢰할 만한 해석에 무엇을 보탤 수는 없다. 그러나 본문에 기록된 사건을 이해하는 데 도움을 얻을 수는 있다. 이런 이유 때문에 '행간을 읽는 것'이 설교에 있어 합법적인 행위가 되는 것이다.

키에르케고르가 아브라함의 기사를 극적으로 다룰 수 있었던 것은 "왜 아브라함이 그런 행동을 했는가?"라는 질문을 던졌기 때문이다. 성경을 읽을 때 우리는 성경에 기록된 사건들, 특히 하나님의 엄중한 심판에 관한 몇 가지 사건들로 인해 자주 당황하며 충격을 받기까지 한다. 때로 하나님은 자신의 백성을 가혹하고 무자비하게 심판하시는 것처럼 보인다. 하지만 그런 문제들은 대부분 우리가 성경읽기를 잠시 중단하고 "왜 하나님께서 이렇게 행동하실까?" 또는 "왜 성경이 이런 것을 말하고 있을까?" 하고 사려 깊게 질문하면 해결될 수 있다. 이렇게 할 때 우리는 천성적으로 하나님께 반대하는 우리 자신의 잘못된 편견을 극복할 수 있는 것이다.

어떤 사람에 대해 화가 났을 때, 나는 그의 말을 듣거나 그 사람의 행동을 이해하기 어려울 때가 종종 있다. 화가 났을 때에는 분노의 대상인 그 사람의 말이나 행동을 가능한 한 가장 나쁘게 해석하려는 경향이 있는 것이다. 우리는 성경에 대해 얼마나 자주 그렇게 하는가. 내가 하나님의 선택에 관해 강의할 때마다 예외 없이 "하나님께서 우리를 꼭두각시처럼 자기 멋대로 대하신다는 말입니까?" 하고 질문하는 사람이 있다. 그 사람은 내가 하나님을 그런 식으로 생각한다고 성급하게 결론을 내린 것이다. 그럴 때 나는 기분이 상한다. 나는 그렇게 말하지 않았고, 그런 것을 의도하지도 않았다. 그런데도 어떤 종류든지 하나님의 주권 개념에 대해 강한 거부감을 가진 사람들은 그것을 최악의 의미로 해석하는 것이다.

우리는 매순간 인간의 보편적인 성향을 접하는데, 사실 우리 모두가 그런 성향을 갖고 있다. 즉 우리가 싫어하는 사람들의 행동과 말은 가능한 한 최악의 관점에서 보려는 반면, 자신의 결점은 가능한 한 최선의 관점에서 보려는 성향이다. 어떤 사람이 내게 죄를 범한 경우에 나는 그가 전적으로 악인인 것처럼 대응한다. 반면에 내가 그에게 죄를 범한 경우에는 '판단 착오'를 한 것이라고 생각한다. 우리는 본성적으로 하나님과 적대관계에 있으므로 하나님의 말씀을 대할 때 이런 성향을 경계해야 한다.

교회 안에서의 여성의 역할에 관한 논쟁에서 사도 바울은 많은 비난을 받고 있다. 바울을 남성 우월주의자, 여성 차별주의자, 반 여성주의자로 묘사하는 글들을 쉽게 찾을 수 있다. 이 문제와 관련해서 바울에게 강한 적개심을 가진 어떤 사람들의 펜에서는 독이 뚝뚝 떨어진다. 그런 사람들은 바울이 하는 말을 한 마디도 들으려 하지 않는다. 감정이입이라는 실존적인 방법을 사용할 때 우리는 인간 바울을, 그리고 더 중요한 것은 그가 실제로 말하는 것을 더 잘 이해할 수 있다.

애들러 로저스 성 요한은, 신약성경의 서신들을 처음으로 읽기 원하는 어떤 가상의 인물에 관한 이야기를 썼다. 그는 신약성경의 서신들에 대해 '맨처음의'virgin 감동을 느끼려고 비서에게 각 서신을 필사시킨 뒤에 자신을 수신인으로 하여 그것을 자기 집으로 보내게 했다. 그 후에 그는 신약성경의 서신들을 마치 자신에게 보내진 것으로 생각하고 읽는다. 이것이 감정이입 방법이다.

마지막으로, 루터는 이러한 실존적인 성경읽기 방법이 그리스도 안에 있는 믿음으로 가는 열쇠라고 믿었다.

> 우리가 복음서를 열어 그리스도께서 어떻게 이곳저곳을 다니셨는지를 읽어보고, 혹은 어떤 이가 어떻게 주님 앞으로 나아오게 되었는지 그 내막을 보게 된다면, 그분이 우리에게 오시거나 우리가 그분께로 이끌림을 받게 한 설교나 복음이 있었음을 알게 될 것이다. 따라서 복음을 설교하는 일이란 그리스도께서 우리

에게 오시거나 우리가 그분께 이끌림을 받게 하는 일과 다름없다.[18]

규칙 3: 역사적 내러티브는 교훈으로 해석하라

우리는 역사적 내러티브 양식의 기본 특징들을 앞에서 살펴보았다. 이 규칙을 이해하기 전에 우리는 교훈 양식didactic form이 무엇인지 규정해야 한다. '다이댁틱'didactic이라는 영어 단어는 '가르치다,' 또는 '교육하다'라는 뜻을 가진 헬라어 단어에서 왔다. 교훈의 글이란 가르치거나 설명하는 글을 의미한다. 바울 서신들의 상당 부분은 교훈적인 성격을 갖고 있다. 흔히 복음서들과 서신들의 관계를 규정할 때 우리는 단순하게 복음서들은 예수님의 행적을 기록한 것이고, 서신들은 예수님의 행적의 의의를 해석한 것이라고 말한다. 그러나 이런 설명은 지나치게 단순화시킨 것이다. 복음서들도 사건을 서술하면서 종종 가르치고 해석하기 때문이다. 하지만 복음서의 강조점은 사건들을 기록하는 데 있으며, 서신들은 교의와 교훈과 적용의 관점에서 그런 사건들의 의의를 해석하는 데 더 많은 관심을 갖고 있다는 말은 옳다.

신약성경의 서신들이 주로 해석에 비중을 두고 있고 구성 순서에서도 복음서의 뒤에 나오므로 종교개혁자들은 복음서들이 서신들을 해석하기보다 서신들이 복음서들을 해석해야 한다는 원리를 주창했다. 이 규칙은 절대적인 것은 아니지만 실용적으로 유용한 것이다. 복음서들은 예수님의 행적들뿐 아니라 그의 가르침도 기록하고 있기 때문에 이러한 순서는 많은 사람들에게 당혹감을 안겨준다. 이것은 예수님의 말씀과 가르침보다 사도들에게 더 큰 권위를 부여해야 함을 의미하는가? 물론 이 원리는 그런 의도로 말한 것이 아니다. 종교개혁자들은 서신이나 복음서 중 어떤 것에 다른 것보다 더 우월한 권위를 부여하지 않았다. 그들은 해석의 순서에 차이가 있을지라도 복음서들과 서신들이 동등한 권위를 갖고 있다고 보았다.

우리 시대에 성경의 권위에 대한 확신이 무너진 이래로 예수님의 권위를 서신들의 권위, 특히 바울 서신들의 권위와 대립하게 만드는 것이 유행이 되고 있다. 어떤 그리스도인들은 자신들을 예수의 말씀만 따르는 그리스도인들Red-Letter Christians이라 부르면서 "예수님의 말씀이 빨간 글씨로 인쇄된 신약 번역본들"에 대해 넌지시 얘기한다."[19] 그래서 자기들은 예수께서 하신 말씀만 받아들인다는 것이다. 그러나 사람들은 예수님과 바울을 서로 대립하는 존재로 만들기보다, 마태나 요한과 같은 한 사도를 다른 사도와 대립하게 한다는 사실을 깨닫지 못하는 것 같다. 우리는 예수님이 신약성경 중에 어떤 책도 쓰지 않았다는 사실과, 그러한 사도들의 증언에 근거해 예수님의 행적과 말씀을 알 수 있다는 사실을 기억해야 한다.

이전에 거의 20년 동안 서로 만나지 못했던 절친한 친구를 만났을 때였다. 우리는 그동안 일어난 일들을 서로 이야기했다. 그는 많은 쟁점들에 대해 자신의 생각이 크게 달라졌다고 말했다. 특히 성경의 성격과 권위에 대한 생각이 바뀌었다고 했다. 그는 성경이 성령의 감동으로 기록되었다는 것을 더 이상 믿지 않는다고 했다. 또 성경에 기록된 가르침들에서 일부, 특히 바울의 가르침 몇 가지를 불쾌하게 여긴다고 했다.

나는 그가 아직도 변치 않고 여전히 믿고 있는 것이 무엇인지 물었다. "나는 예수님이 나의 주님이며 구원자라는 것을 여전히 믿고 있다네" 하고 그가 대답했다.

나는 부드러운 어조로 다시 질문했다. "어떻게 예수님이 자네의 삶에서 주님이 되시는가?" 하지만 그는 내 질문을 이해하지 못했다. 나는 예수님께서 그의 삶에서 주권을 행사하는 데 필요한 정보를 어떻게 전달하시냐고 고쳐 물었다. 내가 질문한 내용은 이러했다. "예수님께서는 '너희가 나를 사랑하면 내 계명을 지킬 것이라' 하고 말씀하셨네. 나는 자네가 여전히 예수님을 사랑하고 예수님께 순종하기를 원한다는 것을 안다네. 그런데 자네는 어디서 그분의 계명을 발견하는가? 만일 바울이 그리스도의 뜻을 정확하게 전달하지 않는다면, 그리고 다른 사도들도 동일하게 잘못되었다면, 자네는 어떻게 주님의 뜻을 발견하는가?"

그는 잠시 망설이더니 이렇게 대답했다. "교회 회의의 결정에서 발견한다네."

나는 그에게 어떤 교회이며 어떤 교회 회의냐고 묻지 않았다. 교회들이나 교회 회의들 사이에는 서로 불일치하는 것이 너무나 많기 때문이다. 나는 단지 아마도 지금은 보름스 의회를 또 다시 방문해야 할 때인 것 같다고 지적했을 뿐이다. 1521년에 루터는 교회의 의사결정 기구였던 보름스 의회에서 이같이 직접적으로 말했다. "나는 교황이나 교회의 회의들과 같은 지지받지 못하는 권위에 대해 어떠한 신뢰도 두지 않습니다. 그들 역시 때때로 잘못을 저질렀고 자기 스스로 모순적이었기 때문입니다."[20] 많은 개신교도들Protestants은 과거에 선조들이 무엇에 항거했는지protesting 잊어버린 채, 또 다시 교회의 현재 결정들을 사도들의 권위 위에 올려놓는 지경에 이르고 말았다. 이것은 기독교를 송두리째 뒤엎는 것과 다름없다. 만일 우리가 복음서 기자들을 신뢰할 수 있다면, 예수님께서 선지자들과 사도들을 교회의 기초라고 부르셨다고 그들이 기록한 것도 신뢰할 수 있을 것이다. 하지만 내 친구의 마음에서는 그 기초가 무너지고 말았으며, 다른 새로운 기초, 즉 현대 교회의 결정들이 그 자리를 차지하고 있는 것이다.

만일 바울과 베드로 및 다른 신약성경 기자들이 예수님께 사도의 권위를 받았다면, 우리가 그리스도를 따르고 있다고 주장하면서 어떻게 그들의 가르침을 비판할 수 있는가? 이것이 예수님께서 바리새인들을 책망하신 문제였다. 바리새인들은 하나님을 공경한다고 주장하면서도 하나님께서 보내시고 증언하시는 분을 배척했다. 그들은 아브라함의 자녀들이라고 주장하면서도 아브라함에게 즐거움을 주신 분을 거부했다. 또한 그들은 모세의 권위에 호소하면서도 모세가 자신의 책에서 증언한 분을 배척했다.

이레니우스Irenaeus는 사도들의 권위를 공격한 초기 교회의 영지주의자들을 향해 똑같은 문제를 제기했다. 그는 이렇게 말했다. "만일 너희가 사도들에게 복종하지 않는다면, 하나님께도 복종할 수 없다. 너희가 사도들을 배척하는 것은 곧 사도들을 보내신 분(예수님)을 배척하는 것이며, 또한 너희가 사도들을 보내신 분을 배척하는 것은 곧 그분을 보내신 하나님(성부 하나님)을 배척하는 것이기 때문이다." 이처럼 이레니우스는 영지주의자들에게 반대하면서 바리새인들과 벌인 예수님의 논증을 한 단계 더 진전시켰다.

따라서 내러티브를 교훈에 비추어 해석하는 원리는 사도와 사도를 대립시키거나 사도와 그리스도를 대립시키지 않는다. 그것은 사도들의 주요한 임무들 중 한 가지, 즉 하나님의 백성을 위해 그리스도의 마음을 가르치고 해석하는 임무를 인정하고 있다.

이 규칙이 중요한 이유는 예수님이나 사람들의 행위를 기록한 성경 기사들에서 지나치게 많은 추론을 끌어내는 일을 경고하기 때문이다. 예컨대, 복음서에 기록된 예수님의 행위들을 분석한 것만으로 그리스도인들을 위한 행동 규범들을 작성할 수 있을까? 어려운 상황에 직면했을 경우에 그리스도인들은 "예수님이라면 이런 상황에서 어떻게 하셨을까?"라고 물어야 한다는 말을 자주 듣는다. 오늘날 많은 그리스도인 젊은이들을 팔찌나 티셔츠에 "예수라면 어떻게 하셨을까?"What Would Jesus Do, WWJD라는 문구를 새기고 있다. 하지만 이것은 언제나 현명한 질문은 아니다. 이것보다 더 나은 질문은 "이런 상황에서 예수님은 내가 어떻게 행동하기를 바라실까?"일 것이다.

예수님의 모범에 자신의 삶을 정확하게 맞추려고 애쓸 경우에 우리는 여러 가지 어려움을 겪게 될 것이다. 이것은 왜 위험한가?

첫째, 하나님께 순종하는 자녀들로서 우리에게 주어진 임무는 예수님의 사명과 같지 않기 때문이다. 우리는 사람들을 죄에서 구원하는 일을 위해 세상에 보냄을 받지 않았다. 우리는 결코 예수님께서 행하셨던 것과 같이 절대적인 권위로 말할 수 없다. 우리는 채찍을 들고 교회에 들어가서 타락한 성직자들을 쫓아낼 수도 없다. 우리는 교회의 주主가 아니다.

둘째, 아마도 그다지 명백하지는 않겠지만, 예수님은 구속사에 있어 우리와는 다른 시대에 사셨다. 예수님은 음식법들과 의식법들을 포함한 옛 언약의 모든 율법을 준수하셔야 했다. 예수님은 종교 의식인 할례를 받으심으로써 성부 하나님께 온전히 순종하셨다. 하지만 만일 우리가 건강이나 위생상의 이유 때문이 아니라 공식적인 종교의식의 하나로 할례를 받는다면, 우리는 그리스도께서 완성하신 사역을 거부하고 구약 율법의 저주 아래로 돌아가게 될 것이다(갈 5:1-3). 다시 말해, 우리가 예수님을 있는 그대로 모방하려고 애쓸 경우에 심각한 죄를 범할 수 있다는 것이다. 이런 이유 때문에 신약성경의 서신들이 중요한 것이다. 서신들은 많은 면에서 그리스도를 본받으라고 요청하는 동시에 우리가 어떤 점에서 그렇게 해야 하는지 한계를 설정하는 데 도움을 준다.

예수님의 삶을 모방하는 것과 관련해 제기되는 세 번째 문제는 성경에서 허용하고 있는 사항들을 미묘하게 당위적인 의무로 바꾸는 데 있다. 예를 들어, 어떤 사람들은 안식일에 병자들을 심방하는 것이 그리스도인의 의무라고 주장한다. 그들의 논거는 예수님께서 안식일에 그렇게 하셨으므로 우리도 그렇게 해야 한다는 것이다.

여기에 미묘한 문제점이 있다. 예수님께서 안식일에 병자를 고치신 사실은 그런 일이 안식일을 범하는 것이 아니며 도리어 선하다는 것을 알려주지만, 예수님은 어디에서도 안식일에 그런 일을 하라고 명하지는 않으셨다. 예수님의 실례가 보여주는 것은 안식일에 그런 일들을 할 수 있다는 것이지 반드시 그렇게 해야 한다는 의미는 아닌 것이다. 예수님은 병자를 찾아가라고 명령하셨지만, 언제 그렇게 할지는 어디서도 규정하지 않으셨다. 또 예수님께서 결혼하지 않으셨다는 것은 독신이 선한 것임을 나타내주지만, 서신들이 분명히 보여주는 대로, 예수님께서 독신으로 지내셨다고 해서 결혼을 거부해야 하는 것은 아니다.

성경의 내러티브에서 너무 많은 것을 추정하는 것에는 또 다른 심각한 문제가 있다. 성경은 성도들의 미덕뿐 아니라 그들의 악행들도 기록한다. 결점들을 숨기지 않은 채 성도들의 모습을 있는 그대로 묘사하고 있는 것이다. 우리는 그런 '결점들'을 모방하지 않도록 주의해야 한다. 성경을 읽으면서 우리는 다윗이나 바울의 행동에서 많은 것을 배울 수 있다. 그들은 최고 수준의 성화를 이룬 사람들이기 때문이다. 하지만 다윗의 간음이나 야곱의 부정직까지도 모방해야 하는 걸까? 결코 그럴 수 없다.

성경의 내러티브에서 덕성과 윤리적 논점들을 끌어내는 문제뿐 아니라 교리를 끌어내는 문제도 지적하고자 한다. 예를 들어, 모리아 산의 제단에서 아브라함이 이삭을 바치는 사건을 기록한 기사에서 마지막 순간에 하나님께로부터 온 천사는 이렇게 말하며 아브라함을 중단시킨다. "아브라함아 아브라함아! … 그 아이에게 네 손을 대지 말라 그에게 아무 일도 하지 말라 네가 네 아들 네 독자까지도 내게 아끼지 아니하였으니 내가 이제야 네가 하나님을 경외하는 줄을 아노라"(창 22:11-12). 여기서 "내가 이제야 … 아노라"는 말에 주목하라. 하나님은 아브라함이 어떻게 행동할지를 미리 알지 못하셨는가? 하나님은 하늘에 앉아 아브라함의 시험 결과를 기다리면서 걱정하고 계셨는가? 천상의 궁전에서 왔다갔다 하시면서 아브라함의 드라마가 어떻게 진행되고 있는지를 천사들에게 물으셨다는 말인가? 물론 그건 아니다. 성경의 교훈적인 부분은 그런 추정을 배제한다. 하지만 우리가 하나님에 관한 교리를 순전히 이와 같은 내러티브에 근거해 확립한다면 우리의 하나님은 "항상 배우나 결코 진리를 알지 못하는" 분이라고 결론을 내려야 할 것이다.

이처럼 단지 내러티브에만 근거해 교리를 세우는 것은 위험한 일이다. 나는 우리 시대의 대중적인 복음주의 신학에 이런 경향이 강하게 나타나고 있음을 안타깝게 생각한다. 우리 모두는 정신을 차리고 이런 경향에 저항해야 한다.

역사적 내러티브에 등장하는 현상적現象的 언어phenomenological language의 문제에 대해 살펴보자. 성경은 인간의 언어로 기록되었다. 그것은 인간인 우리가 이해할 수 있는 종류의 언어다. 하지만 인간의 언어에는 한계가 있으며 그런 한계는 성경 전체에 걸쳐 나타난다. 최근에 이 문제에 관한 글들이 많이 쏟아져 나왔다. 때로는 모든 인간의 언어는 하나님의 진리를 표현하기에 부적절하다고 회의를 품기도 한다. 그러나 그런 회의주의는 부당하며 냉소적인 것이다. 우리의 언어는 완전하지는 않지만 적절하다.

그럼에도 불구하고 인간 언어의 한계는 현상적 언어, 특히 역사적 내러티브에 나타난 현상적 언어를 다룰 때 명백하게 드러난다. 현상적 언어란 육안에 보이는 대로 사물을 묘사하는 언어를 가리킨다. 성경 기자들은 자기 주변의 세계를 묘사할 때 과학적이며 기술적인 정확성의 관점이 아니라 외적 현상의 관점에서 묘사한다.

과거에 성경이 태양계의 중심을 태양이 아니라 지구라고 가르치는지의 여부를 둘러싸고 얼마나 많은 논쟁이 벌어져왔는가? 교회가 공인한 지구 중심설을 반대하고 태양 중심설을 가르쳤다는 이유로 파문당한 갈릴레오를 생각해 보라. 이것은 성경의 신뢰성과 관련해 심각한 위기를 불러일으켰다. 그러나 우리는 교훈적인 측면에 있어, 지구가 태양계의 중심이라고 가르치는 곳을 성경에서 찾을 수 없다. 물론 성경의 내러티브 부분에서는 태양이 하늘을 가로질러 움직이는 것으로 묘사한다. 고대인들에게는 태양이 그런 식으로 보였다. 하지만 현대인들의 눈에도 태양은 그런 식으로 보인다.

나는 현대의 과학세계에서 기술적 전문 용어와 현상적 언어를 혼합해 사용하는 것이 다소 즐겁다. 저녁시간의 일기예보를 생각해 보라. 우리 시대에 그것은 더 이상 일기예보가 아니라 기상학 개관이다. 일기예보 담당기자가 사용하는 도표들과 지도들과 전문용어들을 보면 나는 어지러움을 느낀다. 우리는 중심 고기압, 대기 불안정, 허리케인에 관해 들으며, 풍속과 기압에 대해 배우기도 한다. 다음날의 일기예보는 예상 강우량과 함께 제시된다. 기상학 개관 마지막에 일기예보 담당기자는 "내일 해뜨는 시간은 오전 6시 45분입니다"라고 말한다. 나는 놀란다. 그렇다면 우리는 텔레비전 방송국에 전화를 걸어 지구 중심설을 재현하려는 뻔뻔한 음모에 항의해야 하는가?

일기예보 담당기자가 해가 뜬다고 말했다고 그 보도가 사기라고 항의할 것인가? 대체 무슨 일이 일어나고 있는가? 우리가 해가 뜨고 진다고 말할 때 그것은 여전히 외적 현상에 따라 말하는 것이며, 그렇게 한다 해서 아무도 우리를 거짓말쟁이라고 부르지 않는다. 자연 현상을 묘사하는 역대기하의 내러티브 부분을 기압과 예상 강우량의 관점으로 읽는 것을 상상할 수 있을까? 만일 우리가 성경의 내러티브를 마치 과학 교과서인양 읽는다면 큰 곤란에 처하게 될 것이다.

물론 성경의 교훈적인 부분에서 과학의 문제를 언급하는 곳이 전혀 없다는 것은 아니다. 성경에는 실제로 그런 부분이 있으며, 거기서 우리는 인간의 본성과 기원에 관한 심리학 및 생물학 이론들과 실제적으로 마찰을 빚는 것을 종종 발견한다. 그러나 만일 우리가 성경의 내러티브에 등장하는 현상적 언어의 특성을 인식한다면 그 밖의 많은 갈등들은 결코 일어나지 않을 것이다.

규칙 4: 암시적인 것은 명시적인 것으로 해석하라

우리는 언어의 영역에서 암시暗示적인 것과 명시明示적인 것을 구별한다. 둘 사이가 종종 정도의 차이에 지나지 않아 구별하기가 혼란스러울 때도 있다. 그러나 대개 우리는 실제로 말로 표현된 것과 말로 표현되지 않고 암시적으로 남겨진 것의 차이를 인식할 수 있다. 만일 기독교 공동체들이 이 규칙을 철저히 따른다면 우리를 분리시킨 수많은 교리적 차이들이 해소될 것이라고 나는 확신한다. 우리는 암시적인 것과 명시적인 것을 구분해야 하는 지점에서 부주의해지기 쉽다.

나는 천사들이 중성의 존재라고 주장하는 글들을 많이 읽었다. 하지만 천사들에게 성별이 없다는 말이 성경 어디에 나오는가? 그런 주장을 뒷받침하는 본문으로 항상 인용하는 구절은 마가복음 12장 25절이다. 여기서 예수님은 하늘에서는 장가가고 시집가는 일이 없을 것이며 우리가 천사들과 같을 것이라고 말씀하신다. 이 본문은 천사들이 결혼하지 않는다는 것을 암시한다. 그러나 이 말이 또한 천사들이 중성적이라는 것도 암시하는 것일까? 천국에서는 우리가 성별 없이 존재하게 될까? 물론 이 본문은 천사들이 실제로 성이 없다는 것을 의미할 수도 있으며, 그런 이유에서 그들이 결혼을 하지 않는다는 것을 의미하는지도 모른다. 그러나 성경은 그 점을 명시적으로 말하지 않는다. 천사들이 성이 없다는 것 말고 다른 이유 때문에 결혼하지 않은 상태로 남아 있을 가능성도 있는 것이다. 천사들이 성이 없는 존재라는 것은 본문에서 끌어낼 수 있는 가능한 추정이지만 필연적으로 그렇게 할 수 있는 것은 아니다. 남성과 여성으로서의 인간 본성에 관해 말하는 성경의 많은 가르침에서는 우리의 성性이 구속을 받겠지만 없어지지는 않을 것임을 강하게 시사한다.

성경의 암시적인 본문들을 부주의하게 취급하는 또 다른 사례는 부활하신 예수님의 몸이 어떠한가에 관한 문제에서 찾아볼 수 있다. 영광스럽게 변한 예수님의 몸은 아무 방해를 받지 않고 견고한 물체를 통과하는 능력이 있다고 주장하는 글들을 읽은 적이 있다. 그런 주장을 뒷받침하는 성경의 근거는 요한복음 20장 19절이다. "이 날 곧 안식 후 첫날 저녁 때에 제자들이 유대인들을 두려워하여 모인 곳의 문들을 닫았더니 예수께서 오사 가운데 서서 이르시되 너희에게 평강이 있을지어다." 이 본문의 내용을 주의 깊게 읽어보라. 예수님께서 '비물질화 되신 채' 문을 통과하셨다고 말하는가? 그렇지 않다. 문들이 닫혔는데 예수님께서 오셔서 그들 가운데 서셨다고 말한다. 왜 저자는 문이 닫혔다고 말하는가? 아마도 예수님께서 놀라운 방식으로 나타나셨음을 알려주기 위한 것일 수 있다. 또는 단순히 그가 실제로 말하고 있는 것, 즉 제자들이 유대인들을 두려워했다는 사실을 강조하기 위한 것일 수도 있다. 이 본문은 제자들이 유대인을 두려워해 문을 걸어 잠그고 있을 때 예수님께서 문을 열고 들어오셔서 그들에게 말씀하기 시작하셨음을 의미할 수도 있지 않을까? 예수님께서 실제로 잠긴 문을 통과하셨을지도 모른다. 하지만 본문은 그렇게 말하지 않는다. 그러므로 이 본문에 근거해 예수님의 부활하신 몸에 관한 교리를 세우려 할 경우에 부당한 추정과 부주의한 석의를 피할 도리가 없다.

우리는 성경의 암시적인 본문 안에 지나치게 많은 것을 넣어 읽을 가능성이 매우 높다. 이렇게 하기가 너무 쉽기 때문에 지극히 신중한 학자들조차 그런 잘못에 빠진다. 웨스트민스터 신앙고백은 지금까지 작성된 가장 정밀한 신앙고백들 가운데 하나이다. 웨스트민스터 신학자들은 극도로 조심스럽고 신중하게 이 문서를 작성했다. 하지만 이 고백문의 원문에는 성경의 암시적인 부분에서 너무나 많은 것을 끌어낸 명백한 실례가 있다.

그것은 요한일서 5장 16절을 인용하면서 사망에 이르는 죄를 범하는 사람들을 위해서는 기도하지 말아야 한다고 규정한 대목이다. 요한일서의 본문은 다음과 같다. "누구든지 형제가 사망에 이르지 아니하는 죄 범하는 것을 보거든 구하라 그리하면 사망에 이르지 아니하는 범죄자들을 위하여 그에게 생명을 주시리라 사망에 이르는 죄가 있으니 이에 관하여 나는 구하라 하지 않노라."

이 본문에서 사도 요한은 사망에 이르지 않는 죄를 범한 형제들을 위해 기도하라고 독자들에게 권고한다. 또 그는 사망에 이르는 죄를 범한 사람들을 위해 기도하는 것을 금하지는 않는다. 요한은 "이에 관하여 나는 구하라 하지 않노라" 하고 말하는데, 이것은 "이에 관하여 나는 구하지 말라 하노라"와는 다르다. 전자는 단지 명령이 없는 진술인 반면에 후자의 진술은 단호한 금지 명령이다. 전문적인 훈련을 받은 학자들이 신성한 공회에서 공동으로 주석 작업을 하면서도 이와 같은 미묘한 점을 보지 못했다면, 혼자서 본문을 다루는 우리는 얼마나 많은 주의를 기울여야 하겠는가?

성경 본문에서 지나치게 많은 암시적 의미를 끌어내는 것도 문제지만, 암시적인 부분을 명시적으로 가르치는 부분과 억지로 일치시키는 것도 문제가 아닐 수 없다. 특정 본문에서 이끌어낸 암시적인 것이 명시적인 진술 부분과 상충될 경우에는 암시적인 것을 포기해야 한다.

칼빈주의자들과 알미니안주의자들은 여러 가지 문제들을 둘러싸고 오랫동안 격렬한 논쟁을 벌여왔다. 여기서 그 문제들을 충분히 다룰 수는 없지만, 반복해서 제기되는 한 가지 문제를 택해 명시적인 것과 암시적인 것의 문제를 예증해 보기로 하자. 타락한 인간이 스스로 그리스도께 돌아갈 수 있는 도덕적 능력이 있느냐 하는 문제와 관련해 많은 사람들은 인간이 성령의 도움을 받지 않고도 자기 힘으로 그리스도께 돌아갈 수 있다고 주장한다. 이 논쟁에서 "이는 그를 믿는 자마다 영생을 얻게 하려 하심이니라"(요 3:15)와 같은 많은 구절들이 인용된다. 성경이 "믿는 [모든] 자마다"whoever believes라고 말할 때, 그것은 누구든지 자기 힘으로 그리스도를 믿고 그에게 반응할 수 있다는 것을 암시하는가? '누구든지'whoever라는 표현은 인간에게 보편적인 도덕 능력이 있음을 의미하지 않는가?

실제로 그런 본문들은 인간의 보편적인 능력을 암시할 수 있을 것이다. 그러나 그런 암시적 의미가 성경의 명시적인 가르침과 상충될 경우에는 암시적인 것을 거부해야 한다.

위의 본문에서 명시적인 진술 부분에 초점을 맞추어 본문을 분석해 보자. "이는 그를 믿는 자마다 영생을 얻게 하려 하심이니라." 이 구절은 믿는 자의 범주에 속한 사람들(A)은 모두 영생을 얻는 사람들의 범주(B)에 속할 것이라고 명시적으로 가르친다. 모든 A는 B가 된다는 말이다. 그러나 장차 믿을 사람들에 대해서는 무엇이라고 말하는가? 어떤 사람들이 A 범주에 속할 것인가? 그러나 본문은 이 점에 대해서 아무 것도 말하지 않는다. 어떻게 하면 믿을 수 있는지, 장차 누가 믿고 누가 믿지 않을지에 대해 아무 것도 말하지 않는다. 성경의 다른 부분에는 이런 본문이 있다. "내 아버지께서 오게 하여 주지 아니하시면 누구든지 내게 올 수 없다"(요 6:65). 이 본문은 그리스도께 오는 사람의 능력과 관련해서 무엇인가를 명시적으로 말한다. 이 진술은 예외 조항이 있는 보편적인 부정 진술이다. 다시 말해, 이 본문은 아무나 그리스도께 올 수 없다고 명백하게 진술한다. 예외 조항이란 "내 아버지께서 오게 하여 주지 아니하시면"인데, 이 구절은 사람이 그리스도께 오려면 먼저 필수적인 선행조건이 충족되어야 한다고 명백하게 가르친다. 그 선행조건은 "아버지께서 오게 하여 주셔야 한다"는 것이다. 여기서 이런 문제를 다루는 목적은 칼빈주의자들과 알미니안주의자들 사이에 벌어진 논쟁을 해결하려는 데 있는 것이 아니라, 성경의 암시적인 것을 앞세워 명시적인 가르침을 무시해서는 안 된다는 사실을 보여주려는 데 있다.

서로 대비되는 진술들에서 암시적인 의미를 끌어내는 것에도 문제가 있다. 많은 사람들을 걸려 넘어지게 만든 고린도전서의 유명한 본문을 살펴보자. 사도 바울은 독신과 결혼의 미덕과 관련해서 이렇게 말한다. "그러므로 결혼하는 자도 잘하거니와 결혼하지 아니하는 자는 더 잘하는 것이니라"(고전 7:38). 우리는 이 본문에서 바울이 결혼에 반대하고 있거나 또는 결혼을 나쁜 것으로 말하고 있다는 주장을 수없이 들어왔다. 정말 바울은 그렇게 말하는가? 결코 그렇지 않다. 이 본문에서 그는 좋은 것과 나쁜 것을 비교하는 것이 아니라, 좋은 것과 더 좋은 것을 비교하고 있다. 어떤 것이 다른 것보다 더 좋다는 말은 하나는 좋고 다른 하나는 나쁘다는 것이 아니다. 좋은 것에는 상대적인 차원이 있음을 뜻할 뿐이다.

이와 동일한 상대적 가치의 문제가 방언 논쟁에서도 제기되었다. 고린도전서 14장에서 바울은 이렇게 말한다. "방언을 말하는 자는 자기의 덕을 세우고 예언하는 자는 교회의 덕을 세우나니 나는 너희가 다 방언 말하기를 원하나 특별히 예언하기를 원하노라 만일 방언을 말하는 자가 통역하여 교회의 덕을 세우지 아니하면 예언하는 자만 못하니라"(4-5절). 나는 방언 논쟁에 가담한 양 진영에서 모두 이 본문을 왜곡하는 것을 들었다. 방언에 반대하는 사람들은 이 본문에서 바울이 예언은 좋고 방언은 나쁜 것이라고 말한다고 주장했다. 그들은 바울이 좋은 것과 더 좋은 것을 비교하고 있음을 인식하지 못한 것이다. 반면에 방언을 지지하는 사람들은 마치 예언보다 방언이 더 중요한 것처럼 말했다.

모호한 것은 명백한 것에 비추어 해석해야 한다. 명백한 것을 모호한 것에 비추어 해석하다 보면, 결국 이단적인 해석에 빠지고 말 것이다. 우리가 지켜야 할 기본 규칙은 신중함의 규칙이다. 본문이 실제로 말하고 있는 것을 신중하게 독해한다면 많은 혼동과 왜곡의 위험을 피할 수 있다. 이에 대해서는 논리에 대한 깊은 지식이 필요한 것이 아니라 단지 상식을 적용하는 것이 필요할 따름이다. 논쟁의 감정에 사로잡히면 상식을 잃는 경우가 적지 않다.

규칙 5: 단어의 의미를 신중하게 결정하라

성경을 어떻게 규정하든 간에 그것은 언어로 정보를 전달하는 책이 분명하다. 다시 말해서 성경은 단어들로 가득 차 있다. 사상은 단어들의 관계를 통해 표현된다. 각 단어는 전체 내용을 표현하는 데 기여한다. 따라서 우리가 성경의 진술에 사용된 단어들을 더 잘 이해할수록 성경의 전체 메시지를 더 잘 이해할 수 있을 것이다.

단어들을 부정확하게, 또는 모호하게 사용할 경우에는 정확한 의사소통과 분명한 이해가 어려워진다. 단어를 잘못 사용하면 오해가 생길 수밖에 없다. 누군가에게 의사를 전달하려 하다가 자기 생각을 분명하게 표현해 줄 적절한 단어들이 떠오르지 않아 애를 먹은 경험은 누구에게나 있다. 또 단어들을 적절하게 사용했지만 듣는 사람이 그 의미를 오해해 어려움을 겪은 적도 있을 것이다.

평신도들은 신학자들이 전문 용어들을 너무나 많이 사용한다고 불평하곤 한다. 그런 용어들은 이해하기 어려울 뿐 아니라 사람을 짜증나게 만든다. 자신의 생각을 더 정확하게 전달하기 위한 목적이 아니라, 자기 생각을 이해하기 어렵게 하거나 유식하다는 인상을 주기 위해 전문 용어들을 사용하는 경우가 있긴 하다. 그러나 대체로 학자들은 혼동을 피하고 정확성을 높이기 위해 자기 분야에서 전문 용어들을 만들어 사용한다. 우리가 일상에서 쓰는 언어는 대체로 폭넓은 의미로 사용되고 또한 지나치게 신축적이기 때문에 정확한 의사소통을 하는 데 종종 어려움이 생긴다.

의학 분야의 전문 용어들은 때로는 골치 아프기도 하지만 분명한 장점이 있다. 만일 몸이 아파 의사를 찾아가서 "몸 상태가 좋지 않습니다" 하고 말하면, 의사는 더 구체적으로 질문할 것이다. 여기저기 진찰을 한 뒤에 의사가 "당신의 문제는 위장 장애입니다" 하고 말하면, 우리는 더 구체적인 설명을 듣고 싶을 것이다. 위장 장애는 가벼운 소화불량에서 치료가 불가능한 암에 이르기까지 그 종류가 다양하기 때문이다. 이렇듯 의학 분야에서는 전문적이고 구체적이어야 생명을 구할 수 있다.

만일 우리의 생각을 이해하기 쉽게 전달하고자 한다면, 우리는 우리가 의미하는 것을 정확하게 말하는 방법과 우리가 말하는 것이 무엇을 의미하는지를 배워야 한다. 나는 이전에 어떤 신학자가 개혁신학에 관해 강의하는 것을 들은 적이 있다. 강의 도중에 한 학생이 손을 들고 "교수님, 우리가 강의를 들을 때 교수님을 칼빈주의자로 생각해야 합니까?" 하고 질문했다. 그 신학자는 "예, 나는 칼빈주의자입니다"라고 대답하고는 강의를 계속했다. 잠시 후 그는 문득 뭔가를 이해했다는 표정을 짓고는 강의를 멈추고 자기에게 질문했던 학생을 주목했다. "학생은 칼빈주의자를 어떻게 생각합니까?" 하고 그에게 물었다. 학생이 이렇게 대답했다. "칼빈주의자는, 하나님이 어떤 사람들은 그들의 의사에 반反하여 발로 차고 고함을 질러서 천국에 들어가게 만들고, 필사적으로 천국에 들어가기를 원하는 어떤 이들은 쫓아낸다고 믿는 사람입니다." 이 말을 들은 교수는 놀라서 입을 다물지 못했다. 그는 "그렇다면 나를 칼빈주의자라고 생각하지 마세요"라고 말했다. 만일 학생에게 칼빈주의자라는 말을 어떻게 이해하는지 묻지 않았다면, 교수가 사용한 용어에 대한 학생의 심각한 오해 때문에 그 교수는 자기가 의도한 것과는 전혀 다른 것을 학생에게 전달했을 것이다. 우리가 성경을 공부할 때에도 이런 일이 일어날 수 있고, 또 실제로 일어나고 있다.

20세기의 성경 연구에 있어 가장 큰 진전은 사전 편집 분야에서 이루어졌다. 다시 말해 성경에 등장하는 단어들이 무엇을 의미하는가에 대해 우리의 이해가 크게 증대된 것이다. 게르하르트 키텔Gerhard Kittel의 『신약신학사전』*Theological Dictionary of the New Testament*은 우리가 가진 귀중한 주석 도구이다. 이것은 단어 연구를 집대성한 것으로서 방대한 책 10권으로 구성되어 있다(현재는 컴퓨터에서 검색할 수 있도록 소프트웨어로도 구입할 수 있다). 이 신학사전은 신약성경에 나타난 중요한 단어들의 의미에 대한 일련의 상세한 연구들로 이루어져 있다. 예를 들어, 이 사전에서 '의롭다 하다'justify라는 단어를 연구할 때 그 단어가 등장하는 모든 본문에서 그 단어가 갖는 의미를 철저하게 분석한다. 호머Homer와 그리스 고전 시대의 용례에서부터 구약성경의 헬라어역(칠십인역)에서의 용례, 복음서들과 서신서들, 그리고 초기 교회 역사에서의 용례에 이르기까지 그 단어의 의미를 추적한다. 성경을 연구하는 학생들은 한두 문장 정도의 정의와 동의어들을 제시한 일반 사전에서 성경 단어의 의미를 찾아보는 대신에 키텔의 신학사전에서 해당 단어의 모든 용례들과 미묘한 뉘앙스를 40-50쪽에 걸쳐 상세히 설명하고 묘사한 것을 읽을 수 있다. 우리는 이 사전에서 플라톤Plato, 유리피데스Euripides, 누가 그리고 바울이 특정 단어를 어떻게 사용했는지를 찾아볼 수 있다. 이 사전은 성경 언어에 대한 우리의 이해를 엄청나게 진작시켜줄

뿐 아니라 현대 성경번역들의 정확성을 높여준다.

단어들을 정의하는 데에는 대체로 두 가지 기본적인 방법이 있는데, 하나는 어원적인 것이고 다른 하나는 일상 용례에 의한 것이다. 어원학은 단어의 기원에 관한 학문이다. 예컨대 '히퍼포터머스'hippopotamus라는 단어의 의미를 알고 싶다고 하자. 만일 우리가 헬라어를 안다면 히포스hippos라는 단어가 '말'horse을, 포터모스potamos라는 단어가 '강'을 의미함을 알 것이다. 따라서 히퍼포터머스는 '강의 말,' 즉 하마를 의미한다. 단어의 어근이나 본래 의미를 연구하는 것은 단어의 미묘한 의미를 아는 데 큰 도움을 준다. 예컨대, '영광'glory을 의미하는 히브리 단어는 본래 '무거운,' 또는 '육중한'을 의미했다. 따라서 하나님의 영광은 하나님의 '무거움'이나 '중대함'과 관련이 있다. 우리는 하나님을 '가볍게' 대할 수 없다. 하지만 단어를 단순히 본래의 의미와 관련해서만 정의하다보면 갖가지 잘못에 빠질 수 있다.

단어 연구에 있어서는, 그 어원을 연구하는 것뿐 아니라 문맥 안에서 그 단어를 연구하는 일이 매우 중요하다. 이런 연구가 필수적인 것은 단어가 문맥에서 사용되는 방식에 따라 그 의미가 달라지기 때문이다. 예를 들어, 귀엽다는 의미의 '큐트'cute라는 단어는 엘리자베스 시대에 단순히 다리가 'O'자형으로 휘어진 것을 의미했다. 오늘날 우리가 어떤 여자를 '큐트'하다고 말할 경우라면, 그녀가 셰익스피어 연극에 나오는 배우가 아니기를 바란다! 과거에 출간된 영어 사전들에서 '스캔'scan이라는 단어는 '매우 자세히 읽다'라는 의미로 정의되어 있었다. 그런데 최근에 출간된 사전에서는 '가볍게 훑어보다'라는 의미로 정의된다. 겨우 몇 년 사이에 단어의 의미가 완전히 달라지고 말았다. 많은 사람들이 이 단어를 잘못 사용한 결과 잘못된 의미가 '통상적인 의미'로 변한 것이다. 마지막으로 '게이'gay라는 단어를 예로 들어보자. 몇 년 전만 해도 어떤 사람을 '게이'라고 말하면 단지 그가 행복하다는 의미였다(오늘날에는 남성 동성연애자를 가리킴 – 역자주). 물론 우리는 '웹'web, '서프'surf, '마우스'mouse 같은 단어들에 여러 부수적인 의미가 생겨난 사실을 알고 있다.

"다중 의미multiple meanings를 지닌 단어의 경우." 성경에는 다중 의미를 지닌 단어들이 많은데, 오직 문맥으로만 이런 단어들이 지닌 특정한 의미를 결정할 수 있다. 예를 들어, 성경에서 하나님의 뜻에 관해 언급할 때, '뜻'will이라는 단어는 적어도 여섯 가지 다른 방식으로 사용된다. 때로 이 단어는 하나님께서 자기 백성에게 계시하신 명령들을 가리킨다. 다시 말해, 하나님의 뜻은 "자기 백성에게 내리신 의무의 성격을 지닌 명령"이다. 또한 이 단어는 "하나님께서 원하시는 것은 무엇이든지 실현하시는 하나님의 주권적 행동"을 묘사하는 데 사용된다. 이것은 하나님께서 원하시는 것을 성취한다는 점에서 하나님의 효력 있는 의지라고 할 수 있다. 그리고 뜻이라는 단어에는 "하나님을 기쁘시게 하는 것, 하나님께서 기뻐하시는 것"이라는 의미도 있다.

이제 '뜻'이라는 단어가 지닌 이러한 세 가지 의미에 비추어 성경의 특정 본문이 어떻게 해석될 수 있는지 보자. 하나님은 "아무도 멸망하지 않기를 원하신다"(벧후 3:9)고 할 때 다음의 세 가지를 의미할 수 있다. (1) 하나님은 아무도 멸망하도록 허용되어서는 안 된다는 법칙을 제정하셨다. 우리가 멸망하는 것은 하나님의 법에 어긋난다. (2) 하나님은 아무도 멸망하지 않을 것이라고 주권적으로 선포하셨고 그것을 가장 확실하게 실행하신다. 또는 (3) 하나님은 사람들이 멸망하는 것을 기뻐하지 않으신다. 이 세 가지 가운데 어느 것이 옳다고 생각하는가? 이유는 무엇인가? 만일 우리가 이 본문이 등장하는 문맥을 살펴보고 신앙의 유비에 따라 전체 성경의 넓은 문맥을 고려한다면, 이 의미들 가운데 오직 한 가지, 즉 세 번째 것만이 옳다는 것을 알 수 있다.

다중의 의미를 지닌 단어들 가운데 내가 가장 즐겨 예로 드는 것은 '의롭다 하다'justify라는 단어이다. 로마서 3장 28절에서 바울은 "그러므로 사람이 의롭다 하심을 얻는 것은 율법의 행위에 있지 않고 믿음으로 되는 줄 우리가 인정하노라" 하고 말한다. 반면에 야고보서 2장 24절에서는 "이로 보건대 사람이 행함으로 의롭다 하심을 받고 믿음으로만은 아니니라"라고 진술하고 있다. 만일 "의롭다 하다"라는 단어가 두 본문에서 같은 의미를 갖고 있다면 두 성경 기자들이 우리의 영원한 운명에 관한 문제에서 서로 조화될 수 없는 중대한 모순을 범하고 있는 것이다. 루터는 교회가 살고 죽는 문제가 '이신칭의'以信稱義의 교리에 달려 있다고 했다. 칭의의 의미와 칭의를 얻는 방법에 관한 문제는 결코 사소한 것이 아니다. 그런데 바울은 행위와 관계없이 믿음으로 의롭다 하심을 얻는다고 말하는 반면, 야고보는 믿음으로만이 아니라 행함으로 의롭다 하심을 얻는다고 말한다. 바울은 로마서 4장에서 아브라함이 할례 받기도 전에 하나님의 약속을 믿음으로써 의롭다 하심을 얻었다고 말해 문제를 더욱 어렵게 만든다. 그는 아브라함이 창세기 15장에서 의롭다 하심을 얻은 것으로 본다. 그런데 야고보는 "우리 조상 아브라함이 그 아들 이삭을 제단에 바칠 때에 행함으로 의롭다 하심을 받은 것이 아니냐?"(약 2:21)라고 한다. 야고보는 아브라함이 창세기 22장에 가서야 의롭다 하심을 얻은 것으로 이해한 것이다.

이러한 칭의의 문제는 우리가 '의롭다 하다'라는 단어의 가능한 의미들을 살펴보고 그것들을 각 본문의 문맥 안에서 적용할 때 쉽게 해결된다. '의롭다 하다'라는 단어에는 최소한 두 가지 의미가 있다. 한 가지는 "하나님의 율법의 심판 아래 있는 자들을 하나님과 화해한 상태로 회복시키다"이며, 다른 한 가지는 "증명하다, 또는 정당함을 입증하다"이다.

예를 들어, 누가복음 7장 35절에서 예수님은 "지혜는 자기의 모든 자녀로 말미암아 의롭게 되느니라"(KJV 직역, "Wisdom is justified of all her children")고 말씀하셨다. 이 말씀의 의미는 무엇인가? 지혜가 하나님과 교제를 회복하고 하나님의 진노에서 건짐을 받는다는 것인가? 이것은 분명 아니다. 이 본문의 명백한 의미는 지혜로운 행동은 좋은 열매를 맺는다는 것이다. 지혜롭다는 주장은 그 결과에 의해 입증되며, 지혜로운 결정은 그 결과에 의해 지혜로운 것으로 드러난다. 이 본문에서 예수님께서 '의롭게 되다'justify는 단어를 이런 식으로 사용하셨을 때 그것은 신학적인 용어가 아니라 실천적인 용어인 것이다.

로마서 3장에서 사도 바울은 이 단어를 어떻게 사용하는가? 이것에 관해서는 논란의 여지가 없다. 명백하게 바울은 궁극적인 신학적 의미에서 칭의를 말하고 있다. 그렇다면 야고보는 어떤가? 야고보서의 문맥을 살펴보면 야고보가 바울과는 다른 문제를 다루고 있음을 알 수 있다. 2장 14절에서 야고보는 이렇게 말한다. "내 형제들아 만일 사람이 믿음이 있노라 하고 행함이 없으면 무슨 유익이 있으리요 그 믿음이 능히 자기를 구원하겠느냐?" 여기서 야고보는 구원을 얻는 데 어떤 종류의 믿음이 필요한가 하는 문제를 제기하고 있다. 그는 참 믿음은 행위를 산출한다고 말한다. 야고보는 행위 없는 믿음을 죽은 믿음, 거짓 믿음이라고 한다. 그의 요점은 사람들은 실제로 믿음이 없으면서도 믿음을 가지고 있다고 주장할 수 있다는 것이다. 하지만 믿음이 있다는 주장은 믿음의 열매, 즉 행함으로 드러날 때 비로소 입증되거나 정당화될 수 있다. 우리가 보기에 아브라함은 그의 열매로 입증되거나 정당화된다. 어떤 의미에서 아브라함이 의롭다 함을 얻은 것은 그의 행함으로 입증된다는 말이다. 종교개혁자들은 이것을 이해했고, 따라서 "오직 믿음faith alone 으로만 의롭다 함을 얻지만, 믿음 하나만으로는a faith that is alone 의롭다 함을 얻지 못한다"라는 신조를 작성했다.

"교리의 개념을 표현하는 단어에 관해." 어떤 종류의 단어들은 해석상의 어려움을 불러일으킨다. 교리적 개념들을 표현하는 데 사용되어온 일단의 단어들이 그러하다. 예를 들어, '구원하다'save라는 동사와 '구원'salvation이라는 명사를 생각해 보자. 성경에서는 어떤 사람이 곤경이나 재앙에서 구출되면 그가 '구원을 받았다'고 표현한다. 군사적 패배에서, 육체의 부상이나 질병에서, 명예훼손이나 중상모략에서 구조를 받은 사람들은 모두 성경이 '구원'이라고 말하는 것을 경험한 사람들이다. 그러나 궁극적인 의미에서 구원은 죄와 죽음의 세력에서 구출되고 하나님의 진노에서 벗어날 때 오는 것이다. 우리는 이런 특별한 종류의 '구원'의 의미로 구원 교리를 발전시켜왔다. 그런데 우리가 구원 교리를 끌어낸 신약성경으로 돌아가 구원이라는 용어를 사용한 모든 본문 안에, 완전히 발전된 구원의 궁극적인 의미를 집어넣어 읽는다면 문제가 발생한다. 예컨대, 사도 바울이 "[여자들은] 그의 해산함으로 구원을 얻으리라"(딤전 2:15) 하고 말할 때, 이 본문은 구원을 얻는 데 두 가지 방식이 있음을 의미하는가? 남자들은 그리스도를 통해 구원을 얻고, 여자들은 아이를 해산함으로 천국에 들어갈 수 있다는 말인가? 여기서 바울이 해산과 관련해 구원이라는 용어를 사용할 때 그는 구원의 다른 차원에 대해 말하고 있음이 분명하다.

고린도전서 7장 14절에서 바울은 이렇게 말한다. "믿지 아니하는 남편이 아내로 말미암아 거룩하게 되고 믿지 아니하는 아내가 남편으로 말미암아 거룩하게 되나니 그렇지 아니하면 너희 자녀도 깨끗하지 못하니라 그러나 이제 거룩하니라." 이 구절을 성화의 관점에서 이해한다면 어떤 결론을 내릴 수 있겠는가? 만일 성화가 칭의 다음에 오는 것이며, 바울이 믿지 않는 배우자의 성화에 관해 하는 말이라면, 이 구절은 믿지 않는 배우자도 의롭다 함을 얻는다는 것을 의미할 것이다. 이런 경우에 다음과 같은 '상의上衣 뒷자락 신학'coattail theology(다른 신앙인의 등에 업혀 구원을 얻는다는 신학 – 역자주)이 가능해질 것이다. '만일 여러분이 그리스도를 믿고 싶지 않거나 그리스도를 따르고 싶지는 않지만 그리스도가 정말 하나님의 아들일 경우에 천국에서 제외될지도 모른다는 두려운 생각이 들거든 그리스도인과 결혼하라. 그렇게 하면 이쪽저쪽에 모두 판돈을 걸 수 있고 따라서 양쪽 세계에서 모든 좋은 것을 누리며 살 수 있을 것이다.' 만일 이런 이상한 신학이 가능하다면 의롭다 함을 얻는 데 세 가지 방법이 존재할 것이다. 하나는 그리스도를 믿음으로 얻는 것이며, 다른 하나는 아이를 해산함으로 얻는 것이며, 마지막 하나는 믿는 사람과 결혼함으로 얻는 것이다.

이런 종류의 신학적 혼동은 '거룩하게 하다'sanctify라는 단어를 완전히 발전된 교리적 의미로 해석할 경우에도 발생한다. 그러나 성경은 이 단어를 여러 다른 방식으로 사용한다. 근본적으로 '거룩하게 하다'라는 단어는 단지 '따로 떼어놓다,' 또는 '성별聖別하다'를 의미한다. 믿지 않는 두 사람이 결혼해 함께 살다가 한 사람이 그리스도인이 될 경우에 믿지 않는 배우자는 자녀와 관련해 그리스도의 몸과 특별한 관계를 갖게 된다. 하지만 이것은 그 사람이 구원을 얻었음을 의미하지 않는다.

이러한 실례들만으로도 성경에 등장하는 단어들에 대해 바른 지식을 얻는 일이 얼마나 중요한지를 충분히 알 수 있을 것이다. 단지 단어가 지닌 다중적인 의미를 제대로 이해하지 못한 것만으로도 수없이 많은 논쟁들이 일어났고 이단들이 생겨났다는 사실을 잊지 말라.

규칙 6: 성경에 등장하는 병행구에 주목하라

히브리 문학에서 가장 매혹적인 특징들 중 하나는 병행구parallelism가 사용된 것이다. 병행구는 고대 근동의 언어에서 흔히 볼 수 있는 것이며 비교적 식별하기가 쉽다. 병행구가 등장하는 경우에 그것을 인식하는 능력이 있으면 본문을 이해하는 데 큰 도움을 얻을 수 있다.

히브리 시는 다른 형태의 시들과 마찬가지로 종종 특별한 운율 구조로 구성된다. 다른 언어로 번역할 경우에 그런 운율 구조를 제대로 살리기는 극히 어려워진다. 하지만 병행구는 번역할 때에도 쉽게 손상되지 않는데, 그 이유는 병행구가 단어들과 모음의 리듬을 포함하기보다 사상의 리듬을 포함하기 때문이다. 병행구는 서로 유사하거나 또는 서로 대비되는 두 개 이상의 문장들이나 절들의 관계라고 정의된다. 병행구에는 기본적으로 세 가지 기본 유형들, 즉 동의어적 병행구, 반의어적 병행구, 종합적 병행구가 있다.

동의어적 병행구synonymous parallelism는 어떤 구절의 다른 줄이나 부분들이 같은 사상을 조금은 다른 표현 방식으로 제시하는 것이다. 예를 들어, 다음과 같은 구절들이 동의어적 병행구이다.

거짓 증인은 벌을 면하지 못할 것이요

거짓말을 하는 자도 피하지 못하리라(잠 19:5).

오라 우리가 굽혀 경배하며
무릎을 꿇자, 우리를 지으신 여호와 앞에(시 95:6).

반의어적 병행구antithetic parallelism는 두 부분이 서로 대조적인 형태로 제시되는 것이다. 두 부분은 같은 것을 말하지만 그 중 하나는 부정적인 방식으로 표현한다. 다음 본문들이 반의어적 병행구에 해당된다.

지혜로운 아들은 아비의 훈계를 들으나
거만한 자는 꾸지람을 즐겨 듣지 아니하느니라(잠 13:1).

손을 게으르게 놀리는 자는 가난하게 되고
손이 부지런한 자는 부하게 되느니라(잠 10:4).

종합적 병행구synthetic parallelism는 다른 유형들보다 조금 더 복잡하다. 첫째 줄에서 특정한 의미가 제시되고, 둘째 줄에서 그 의미가 완성된다. 또한 이것은 '계단식으로' 진전하면서 셋째 줄에서 결론에 도달하기도 한다.

여호와여 주의 원수들은 패망하리이다.

정녕 주의 원수들은 패망하리니

죄악을 행하는 자들은 다 흩어지리이다(시 92:9).

예수님은 시의 형태로 말씀하지는 않으셨지만 다음과 같은 말씀들에서 병행구 형태의 특성이 나타난다.

네게 구하는 자에게 주며

네게 꾸고자 하는 자에게 거절하지 말라(마 5:42).

구하라 그리하면 너희에게 주실 것이요

찾으라 그리하면 찾아낼 것이요

문을 두드리라 그리하면 너희에게 열릴 것이니(마 7:7).

병행구를 인식하는 능력이 있으면 본문을 이해할 때 생기는 어려움을 해소할 수 있고, 다양한 구절들을 깊이 이해할 수 있다. 영어성경 흠정역에서 이사야 45장 6-7절은 많은 사람들을 걸려 넘어지게 만든 구절이다.

나는 주라. 다른 이가 없느니라.

나는 빛도 짓고 어둠도 창조하며

나는 평안도 만들고

악(evil, 한글 개역개정에서는 '환난')도 창조하나니

나 주가 이 모든 일을 행하느니라(흠정역 직역).

I am the LORD, and there is none else.

I form the light, and create darkness:

I make peace, and create evil:

I the LORD do all these things.

나는 이 구절에 대해 자주 질문을 받는다. 이 구절은 하나님께서 악evil을 창조하신다고 분명하게 가르치지 않는가? 이 구절은 하나님을 죄의 창조자로 만들고 있지 않은가? 하지만 이 구절에 명백히 나타나는 반의어적 병행구를 인식하면 문제를 간단히 해결할 수 있다. 첫째 부분에서 빛과 어두움이 대조를 이루고, 둘째 부분에서는 평안과 악이 대조를 이룬다. 평안의 반대는 무엇인가? 여기서 말하는 '악'은 선과 대조를 이루는 것이 아니라 '평안'과 대조를 이루는 것이다. 최신 번역인 『새 미국표준 성경』New American Standard Bible은 이 구절을 "안녕도 짓고 재앙도 창조하나니"Causing well-being and creating calamity라고 번역한다. 이것은 반의어적 병행구로 제시된 사상을 흠정역보다 더 정확하게 번역한 것이다. 이 구절의 요점은 궁극적으로 하나님께서 경건한

백성에게 안녕과 평안의 복을 주시지만 심판하실 때에는 재앙으로 임하신다는 것이다. 이것은 하나님이 본래 악의 창조자라는 개념과는 거리가 먼 것이다.

병행구 형태로 구성된 구절들 가운데 문제가 되는 또 다른 구절은 주님의 기도에서 나타난다. 예수님은 제자들에게 "우리를 시험에 들게 하지 마시옵고"라고 기도하라고 가르치신다(마 6:13). 그런데 야고보는 "사람이 시험을 받을 때에 내가 하나님께 시험을 받는다 하지 말지니"(약 1:13)라고 경고한다. 예수님의 기도는 하나님께서 실제로 우리를 시험하신다거나, 또는 적어도 우리를 시험에 들게 하신다는 것을 시사하는 것은 아닌가? 그래서 예수님은 하나님께서 우리를 유혹하지 않도록, 또는 죄의 함정에 빠뜨리지 않도록 구하라고 가르치신 것일까? 절대 그럴 리가 없다.

이 문제는 병행구의 다른 부분을 검토하면 쉽게 해결된다. 마태복음 6장 13절은 다음과 같다. "우리를 시험에 들게 하지 마시옵고 다만 악에서 구하시옵소서." 이 본문은 동의어적 병행구의 한 가지 예로써, 두 부분은 사실상 같은 것을 말하고 있다. 시험에 든다는 것은 곧 악한 자의 공격에 노출되는 것이다. 이 본문에서 말하는 '시험'temptation은 야고보가 말한 것과 같은 시험, 즉 우리 자신의 탐욕의 내적 성향에서 비롯되는 것이 아니라 외부에서 오는 '시험'testing이다. 하나님께서는 아브라함과 광

야의 예수님을 시험하셨던 것과 같이 자기 백성을 시험하신다.

이 본문에서 또 문제가 되는 것은 '악'이라는 단어를 어떻게 번역하느냐 하는 것이다. 이 단어는 헬라어의 남성 명사인데 정확하게 번역하면 '악한 자'evil one이다. 단순히 '일반적인 악'을 가리킨다면 중성 명사를 사용했을 것이다. 이 본문에서 예수님은 사실상 이렇게 말씀하고 계신 것이다. "아버지여, 우리 둘레에 담을 치시고 우리를 사탄에게서 보호해 주옵소서. 사탄이 우리에게 손을 대지 못하게 해 주옵소서. 사탄이 우리를 사로잡을 수 있는 곳으로 우리를 인도하지 마옵소서." 결국 이 본문에서도 문제를 해결할 수 있는 일차적인 단서는 병행구에서 찾을 수 있다.

또한 병행구는 성경 개념들에 대한 우리의 이해를 풍성하게 해 준다. 예를 들어, 히브리인들은 복의 개념을 어떻게 이해했는가? 다음과 같은 전통적인 히브리적 축도를 살펴보고 그들의 생각을 이해해 보자.

> 여호와는 네게 복을 주시고 너를 지키시기를 원하며
> 여호와는 그의 얼굴을 네게 비추사
> 은혜 베푸시기를 원하며
> 여호와는 그 얼굴을 네게로 향하여 드사
> 평강 주시기를 원하노라(민 6:24-26).

이 축도의 병행 구조를 자세히 살펴보면 복의 개념뿐 아니라 온전한 평강(평화)에 대한 유대인들의 생각을 깊이 이해할 수 있다. 이 축도에서 '평강,' '은혜,' '지키다'라는 용어들이 동의어적으로 사용되고 있음을 주목하라. '평강(평화)'은 전쟁이 없는 상태 이상을 의미한다. 평강은 하나님께서 지켜주시는 가운데 하나님의 은혜를 경험하는 것을 의미한다. 순례자적인 삶을 사는 사람들이 하나님의 보호를 받는다는 것은 무엇을 의미하는가? 유대인의 역사는 끊임없이 삶의 덧없음에 직면하는 유랑자의 역사였다. 그런 역사 속에서 하나님의 은혜의 복을 받는 것은 하나님의 평강(평화)을 체험하는 것과 밀접한 관련이 있다.

그렇다면 복을 받는다는 것은 무엇인가? 이 축도의 마지막 두 부분, 즉 "여호와는 그의 얼굴을 네게 비추사… 그 얼굴을 네게로 향하여 드사"에서 복의 개념이 하나님의 얼굴을 보는 이미지로 대치되는 것에 주목하라. 유대인에게 궁극적인 복의 상태는 하나님께 가까이 다가가 그분의 얼굴을 보는 것에서 온다. 구약성경에서 타락한 인간에게 금지된 것 가운데 하나는 하나님의 얼굴을 보는 것이었다. 그들은 하나님께 가까이 갈 수 있었고 심지어 모세는 하나님의 등을 보기도 하면서 하나님과 교제할 수 있었지만, 하나님의 얼굴은 볼 수 없었다. 따라서 이스라엘의 소망—궁극적이고 지고한 복—은 얼굴과 얼굴을 맞대고 하나님을 보는 것이었다.

그리스도인인 우리의 궁극적인 영광의 상태도 얼굴과 얼굴을 마주 대하고 하나님을 보는 것, 즉 복이 넘치는 비전의 관점에서 표현된다. 반대로 히브리적 범주에서 하나님의 저주는 하나님께서 등을 돌리시는—외면하시는—이미지로 표현되었다. 하나님을 가까이 하는 것이 복이며, 하나님께서 떠나신 상태가 저주이다.

규칙 7: 잠언과 율법의 차이에 주목하라

성경을 해석하고 적용할 때 흔히 범하는 잘못은 잠언을 절대적인 도덕률처럼 생각하는 것이다. 잠언은 외우기 쉬운 짧은 대구對句를 사용해 실천적인 이치들을 표현한 것이다. 잠언은 경건한 삶에 필요한 지혜의 원리들을 반영한 것이지 모든 가능한 삶의 상황에 절대적으로 적용되어야 하는 도덕법들을 반영한 것이 아니다.

속담 한 가지를 실례로 잠언을 절대적인 것으로 만드는 문제점을 설명해 보자. 아마 여러분은 "돌다리도 두들겨 보고 건너라"Look before you leap는 유명한 속담을 기억할 것이다. 이 속담은 우리가 어떤 행동을 하기 전에 그 행동의 결과를 미리 고려해야 한다는 지혜를 가르쳐준다. 자신이 무슨 일을 하려는 줄도 모르고 성급하게 어떤 일에 뛰어들어서는 안 된다는 말이다. "망설이는 사람은 기회를 놓친다"He who hesitates is lost는 속담은 어떤가? 만일 이 두 속담을 모두 절대적인 것으로 만들면 어떻게 될까? 물론 어떤 일을 앞두고 망설이면 기회를 놓친다. 그러나 어떤 일을 실행하기 전에 잘 생각하려면 망설이지 않을 수 없다. 그렇다면 결론은 "실행하기 전에 잘 생각하려고 망설이는 사람은 기회를 놓친다!"가 된다.

이와 동일한 일이 성경의 잠언에서도 일어날 수 있고, 예수님의 지혜의 말씀들과 관련해서도 일어날 수 있다. 예수님은 "나와 함께 아니하는 자는 나를 반대하는 자요"(마 12:30)라고 말씀하셨다. 그런데 다른 곳에서는 "너희를 반대하지 않는 자는 너희를 위하는 자니라"(눅 9:50)라고 하셨다. 어떻게 이 둘이 모두 참일 수 있는가? 우리는 침묵이 어떤 상황에서는 동의를 의미하지만 다른 상황에서는 반대를 뜻할 수도 있음을 잘 안다. 어떤 경우에는 반대하지 않는 것이 지지를 의미하며, 다른 경우에는 지지하지 않는 것이 반대를 의미한다.

잠언 26장 4-5절은 잠언을 예외가 없는 절대적인 것으로 간주할 때 서로 모순을 일으킬 수 있다는 사실을 분명히 보여준다. 4절에서는 "미련한 자의 어리석은 것을 따라 대답하지 말라 두렵건대 너도 그와 같을까 하노라" 하고 말하면서, 5절에서는 "미련한 자에게는 그의 어리석음을 따라 대답하라 두렵건대 그가 스스로 지혜롭게 여길까 하노라" 라고 한다. 미련한 자의 어리석은 것을 따라 대답하는 것이 어리석을 때가 있는가 하면 미련한 자의 어리석은 것을 따라 대답하는 것이 지혜로울 때가 있다는 것이다.

잠언과 율법을 구별해야 할 뿐 아니라 율법의 형태들도 구별해야 한다. 성경에 나타나는 율법의 두 가지 기본 유형(또는 형태)은 필연법과 결의법이다. 필연법apodictic law은 절대적인 것들을 표현하며, "너는 할지니라" 또는 "너는 하지 말지니라"와 같은 2인칭 명령의 형태를 취한다. 이런 형태의 율법은 십계명에서 가장 분명하게 나타난다.

결의법casuistic law은 "만일 …하면, …할지라" 같은 조건적 진술의 형태로 표현된다. 이것이 이른바 사례법case law의 토대다. 결의적 형태는 일련의 '사례들'을 제시하는데, 이것들은 정의의 집행을 위한 지침들로 기능한다. 예를 들어, 출애굽기 23장 4절은 이렇게 가르친다. "네가 만일 네 원수의 길 잃은 소ox나 나귀를 보거든 반드시 그 사람에게로 돌릴지며." 이 본문에서 첫째 절은 결의적이며, 둘째 절은 필연적이다. 여기서 제시된 분명한 교훈은 원수의 수소ox나 나귀를 반드시 돌려주어야 한다는 것이다. 하지만 내 원수의 길 잃은 암소cow나 낙타—수소나 나귀가 아니라—를 만나면 어떻게 해야 하는가? 반드시 그 사람에게 돌려주어야 하는가? 위의 법은 그렇게 말하지 않는다. 하지만 결의법은 사례를 통해 원리를 제시하며, 암시적인 방식으로 암소, 낙타, 닭, 말을 모두 포함한다. 만일 성경이 모든 가능한 상황에 필요한 법들을 상세하게 제시한다면, 그 모든 법전들을 비치할 수 있는 거대한 도서관들이 있어야 할 것이다. 사례법은 원리의 예를 제시하지만 그 원리는 폭넓게 적용될 수 있다.

규칙 8: 율법의 정신과 문자의 차이에 주목하라

우리는 율법을 문자적으로 철저히 지키다가 율법의 정신을 어긴 신약시대의 바리새인들에 대해 익히 알고 있다. 랍비들은 안식일에 거주지에서 일정한 거리를 벗어나 멀리 여행할 수 없도록 제한했다. 하지만 일부 유대인들은 '안식일 여행 거리'를 교묘하게 연장하는 방법을 사용해 안식일 여행 규정을 피해갔다. 예컨대, 만일 어떤 '율법주의자'가 안식일에 규정이 허용하는 것보다 먼 거리를 여행할 일이 있으면 그는 미리 평일에 여행자나 친구들에게 부탁해 자신의 칫솔이나 다른 용품들을 몇 마일 간격을 두고 바위들 밑에 가져다 두게 한다. 이렇게 하여 율법주의자는 기술적으로 여러 장소에 거주지를 확보하는 것이다. 안식일이 되면 그는 바위들 밑에 미리 가져다 둔 칫솔을 주우면서 '거주지'에서 '거주지'로 옮겨가는 식으로 먼 거리를 여행한다.

그들은 이런 방법으로 율법의 문자에는 순종했지만 실제로는 율법의 정신을 훼손했다.

신약시대에는 다양한 유형의 율법주의자들이 있었다. 가장 유명한 것은 하나님께서 명령하신 것을 초과하는 법과 규정들을 제정한 유형이다. 예수님께서는 랍비들의 유전을 모세의 율법과 동등한 권위를 가진 것으로 만든 바리새인들을 책망하셨다. 사람이 만든 법에 하나님의 권위를 부여하는 것이 율법주의의 대표적인 유형이다. 그러나 이것이 율법주의의 유일한 유형은 아니다. 앞에서 언급한 안식일 여행의 경우는 가장 빈번하게 발견되는 또 다른 유형의 율법주의다. 율법의 정신을 무시하면서 문자에만 순종하는 사람은 외적인 의인은 될 수 있지만 실제로는 타락한다.

율법을 왜곡하는 또 다른 유형은 율법의 정신은 지키려고 애를 쓰면서 문자를 무시하는 것이다. 율법의 문자와 정신은 밀접하게 연결되어 있어서 분리할 수 없다. 율법주의자들이 율법의 정신을 파괴하는 반면에 율법 폐기론자들은 문자를 파괴한다.

일부 성경 해석자들은 산상수훈에 등장하는 모세 율법에 관한 예수님의 가르침을 심각하게 왜곡한다. 예를 들어, 나는 어떤 저명한 정신의학자가 기고한 신문 기사를 읽었는데, 그 기사에서 그는 예수님의 윤리적 가르침을 신랄하게 비판했다. 그는 예수님이 윤리적 교사로 널리 존경을 받는 이유를 이해할 수 없다고 말하면서 예수님의 윤리가 지극히 순진하다고 주장했는데 특히 살인과 간음에 관한 가르침이 그렇다고 했다. 그는 예수님이 끔찍한 살인과 분노를, 그리고 간음과 음욕을 동일시하셨다고 해석했다. 분노가 살인만큼 나쁘다거나 음욕이 간음만큼 나쁘다고 생각하는 교사는 왜곡된 윤리관을 가지고 있다는 것이 그의 주장이었다. 계속해서 그는 분노와 음욕보다 살인과 간음이 훨씬 더 파괴적인 결과를 초래한다는 사실을 입증한다. 누군가에게 분노하는 것은 물론 해로울 수 있다. 하지만 분노가 살인으로 이어질 경우에 그 결과는 훨씬 더 치명적이다. 분노는 사람의 목숨을 앗아가지 않으며 아내를 과부로 만들지 않으며 자녀를 고아로 만들지 않지만 살인은 그렇게 한다. 만일 우리가 음욕을 품는다면 우리 마음의 정결에 해를 입힐 테지만, 단지 음욕을 품는 것만으로는 부정한 행동의 결과로 결혼 생활과 가정을 파괴하지는 않는다. 그 정신의학자는 분석을 계속하면서 예수님의 윤리적 가르침은 책임 있는 삶을 사는 데 심각한 손상을 입힌다고 주장했다.

대중적인 차원에서도 산상수훈에 대한 동일한 오해가 많이 일어나고 있다. 어떤 사람들은 이렇게 주장한다. "그래요. 나는 이미 그 여자에게(또는 그 남자에게) 음욕을 품었습니다. 나는 하나님 앞에서 이미 죄를 범한 것이므로 간음을 하는 것이 더 나을지 모릅니다." 이렇게 하는 것은 예수님의 말씀을 엄청나게 왜곡하는 것일 뿐 아니라 음욕을 완전한 간음죄로 악화시키는 것이다.

예수님께서 이 문제들에 관해 말씀하신 것에 주목하고, 과연 그 말씀이 비평가들의 주장처럼 유치한 것인지 살펴보라.

> 옛 사람에게 말한 바 '살인하지 말라. 누구든지 살인하면 심판을 받게 되리라.' 하였다는 것을 너희가 들었으나 나는 너희에게 이르노니 형제에게 노하는 자마다 심판을 받게 되고 형제를 대하여 라가라 하는 자는 공회에 잡혀가게 되고 미련한 놈이라 하는 자는 지옥 불에 들어가게 되리라(마 5:21-22).

또한 다음 구절을 보라.

> 또 '간음하지 말라.' 하였다는 것을 너희가 들었으나 나는 너희에게 이르노니 음욕을 품고 여자를 보는 자마다 마음에 이미 간음하였느니라(마 5:27-28).

이 구절들 어디에서도 예수님은 분노가 살인만큼 나쁘다거나, 또는 음욕이 간음만큼 나쁘다고 말씀하지 않으신다. 주님이 말씀하시는 것은, 어떤 사람이 살인을 하지 않더라도 자기 형제를 미워하거나 모욕한다면 살인을 금하는 율법의 온전한 의미를 다 지키지 못했다는 것이다. 살인이 죄지만 증오나 모욕도 마찬가지로 죄다.

예수님의 가르침의 요점은 율법이 그 자체의 문자적 규정보다 더 넓은 적용 범위를 가지고 있다는 것이다. 살인하는 것은 율법의 문자를 범하는 것이지만, 사람을 미워하는 것은 율법의 정신을 범하는 것이다. 예수님은 "누구든지 살인하면 심판을 받게 되리라 … 형제에게 노하는 자마다 심판을 받게 되리라" 하고 말씀하신다. 이 말씀의 의미는 분노와 살인이 모두 죄라는 것이다. 그러나 그 둘이 동일한 해악을 초래하는 것은 아니며 동일하게 악한 것도 아니다. 많은 사람들의 추론과는 달리 예수님은 그 둘에 대한 처벌이 똑같다고 말씀하지 않으신다. 물론 형제를 가리켜 미련한 놈이라고 모욕하는 사람은 지옥 불에 들어갈 것이라고 예수님께서 말씀하신 것은 사실이다. 하지만 그것은 지옥에서 받을 형벌이 모두 같다는 말은 아니다. 단지 모욕이 다른 사람의 삶을 파괴하며, 따라서 지옥에 들어갈 정도로 심각한 범죄라는 것이다. 여기서 예수님은 모든 죄가 심각하다는 것을 강조하신다. 그러나 모든 죄가 지옥에서 동일한 형벌을 받는가? 예수님은 그것에 관해서는 분명하게 가르치지 않으신다. 신약성경은 "진노의 날 곧 하나님의 의로우신 심판이 나타나는 그날에 임할 진노를 … 쌓는"(롬 2:5) 것에 대해 경고한다. 만일 죄인들이 지옥에서 받는 형벌이 모두 같다면 어떻게 사람들이

"진노를 쌓을" 수 있겠는가? 예수님은 하나님께서 각 사람을 그의 행위대로 심판하실 것이라고 말씀하신다. 어떤 사람은 적게 맞을 것이나 어떤 사람은 많이 맞을 것이다(눅 12:47-48). 이런 가르침의 요점은, 모든 죄에는 형벌이 따를 것이지만 그 형벌은 동일하지 않다는 것이다. 정의에 대한 성경의 원리는 악의 정도와 형벌의 정도를 구별한다.

간음과 관련해서 음욕을 품고 여자를 보는 사람은 '마음'에 이미 간음한 것이라고 예수님은 말씀하신다. 이 말씀의 요점은 그 사람이 율법의 문자는 지켰다고 하더라도 율법의 정신은 어겼다는 것이다. 즉 외적인 행위들만이 죄의 전부가 아니라는 말이다. 예수님은 행위뿐 아니라 사람의 마음에도 관심을 갖고 계신다. 바리새인들은 자신들이 율법의 문자를 지키는 것을 율법 전체를 지키는 것으로 착각해 자신들의 의를 자랑했다.

율법에 관한 예수님의 가르침의 핵심은 다음 진술에서 드러난다.

> 내가 율법이나 선지자를 폐하러 온 줄로 생각하지 말라 폐하러 온 것이 아니요 완전하게 하려 함이라 진실로 너희에게 이르노니 천지가 없어지기 전에는 율법의 일점 일획도 결코 없어지지 아니하고 다 이루리라 그러므로 누구든지 이 계명 중의 지극히 작은 것 하나라도 버리고 또 그같이 사람을 가르치는 자는 천국

에서 지극히 작다 일컬음을 받을 것이요 누구든지 이를 행하며 가르치는 자는 천국에서 크다 일컬음을 받으리라(마 5:17-19).

이 본문은 예수님께서 율법의 문자를 지키는 것에 관심을 갖고 계신다는 사실을 분명히 보여준다. 율법의 문자는 중요하다. 따라서 율법의 '일점'이나 '일획'까지 지켜야 하고 가르쳐야 한다. 그러나 예수님은 문자를 넘어 율법의 정신에 관심을 가지신다. 예수님은 율법의 정신과 문자를 대립시키거나 정신으로 문자를 대치하지 않으시고, 도리어 정신을 문자에 더하신다. 바로 다음 구절에 열쇠가 있다. "내가 너희에게 이르노니 너희 의가 서기관과 바리새인보다 더 낫지 못하면 결코 천국에 들어가지 못하리라"(마 5:20). 바리새인들은 율법의 문자에 주목했지만 그리스도인들은 문자와 정신 모두에 주목해야 한다. 예수님께서는 이것을 천국에 들어가는 한 가지 선행조건으로 삼으셨다. 살인과 간음에 관한 예수님의 가르침은 이 명령 뒤에 주어지며 예수님 자신의 원리를 밝혀준다.

규칙 9: 비유를 신중하게 다루라

성경에 등장하는 모든 문학 양식들 가운데 비유가 가장 이해하기 쉽고 해석하기 쉽다고 생각하는 경우가 많다. 대체로 사람들은 비유를 다루는 설교를 좋아한다. 비유는 실제적인 삶에 바탕을 둔 구체적인 이야기라서 추상적인 개념들보다 다루기가 쉬워 보이는 것이 사실이다. 하지만 신약성경 학자들의 관점에서 본다면 비유 해석은 굉장히 어려운 일이다.

비유 해석은 왜 그렇게 어려운가? 그 간결한 이야기들을 왜 알기 쉽게 제시하거나 설명할 수 없는가? 거기에는 몇 가지 이유가 있다. 우선 비유의 본래 의도의 문제를 언급할 수 있다. 예수님께서 사람들을 가르치는 방편으로 비유를 즐겨 사용하신 것은 분명하다. 그러나 당혹스러운 문제는, 예수님께서 비유를 사용하신 것이 자신의 가르침을 명확히 하기 위해서인지 아니면 모호하게 하려 함이었는지 알기 어렵다는 것이다. 논란이 집중되고 있는 것은 마가복음 4장 10-12절에 등장하는 예수님의 신비스러운 말씀이다.

> 예수께서 홀로 계실 때에 함께 한 사람들이 열두 제자와 더불어 그 비유들에 대하여 물으니 이르시되 하나님 나라의 비밀을 너희에게는 주었으나 외인에게는 모든 것을 비유로 하나니 이는 그들로 보기는 보아도 알지 못하며 듣기는 들어도 깨닫지 못하게 하여 돌이켜 죄 사함을 얻지 못하게 하려 함이라 하시고.

예수님은 계속해서 씨 뿌리는 자의 비유를 제자들에게 자세히 설명해 주신다. 하나님나라의 비밀이 주어지지 않은 사람들은 비유를 깨달을 수 없다는 말씀은 무슨 의미인가? 이 말씀에서 당혹감을 느낀 일부 번역자들은 난처한 문제를 피하려고 본문의 표현을 고쳐 번역하기까지 했다. 하지만 이 본문을 조작하는 것은 정당화될 수 없다. 다른 사람들은 마음이 완악해진 이스라엘 백성에 대한 하나님의 심판이 이 구절에 암시되어 있다고 생각한다. 실제로 이 구절에는 선지자 이사야에게 사명을 주시는 하나님의 부르심이 반영되어 있다. 이사야의 유명한 성전 소명 기사(사 6:8-13)에서 하나님께서는 이사야에게 "내가 누구를 보내며 누가 우리를 위하여 갈꼬?"라고 말씀하신다. 이사야는 "내가 여기 있나이다 나를 보내소서"라고 말하면서 자원한다. 그러자 하나님께서 이사야의 말에 다음과 같이 답하신다.

> 가서 이 백성에게 이르기를
> 너희가 듣기는 들어도 깨닫지 못할 것이요
> 보기는 보아도 알지 못하리라 하여
> 이 백성의 마음을 둔하게 하며
> 그들의 귀가 막히고 그들의 눈이 감기게 하라.
> 염려하건대 그들이 눈으로 보고
> 귀로 듣고 마음으로 깨닫고

다시 돌아와 고침을 받을까 하노라.

『예배자인가, 우상숭배자인가』We Become What We Worship에서 신약학자인 그레고리 빌Gregory Beale은 이러한 종류의 성경 언어들은 항상 우상숭배와 밀접한 관련이 있다고 주목한다.[21] 우상들은 눈이 있지만 보지 못하고 귀가 있지만 듣지 못한다. 사람들은 자신이 숭배하는 그 신과 닮아가기 때문에 우상숭배자들에게도 물리적인 눈과 귀는 있지만 영적인 것들을 보거나 듣지 못하는 것이다. 이것은 일종의 형벌이다. 그들은 우상들을 숭배하고 있었기 때문에 하나님의 말씀을 들으려 하지 않았다. 그래서 하나님께서는 말씀을 들을 수 있는 능력을 그들에게서 빼앗은 것이다.

예수님께서는 "귀 있는 자는 들으라"는 말씀을 자주 하셨다. 예수님께서 이 표현을 사용하신 것은, 예수님의 말씀을 '듣고' 있는 모든 사람이 그분이 의도하신 의미대로 그 말씀을 듣는 것이 아니라는 사실을 강력하게 시사한다. 이것은 일종의 우상숭배자들, 즉 하나님이 아닌 다른 것을 숭배하는 자들에 대한 심판이다.

비유를 사용하신 예수님의 의도를 진지하게 다루려면 비유들 안에 은폐의 요소가 있다는 사실을 인정해야 한다. 그렇다고 해서 회개하지 않는 자들에게 천국의 비밀을 모호하게 만들거나 숨기는 것이 비유의 유일한 목적이라는 말은 아니다. 비유는 수수께끼가 아니다. 비유는 이해되어야 하는 것이며 적어도 거기에 마음을 연 사람들이 이해할 수 있게 의도된 것이다. 예수님의 대적들이 비유의 의미를 어느 정도 이해한 것도 고려해야 한다. 적어도 그들은 비유들을 듣고 크게 분노했다.

비유 안에 포함된 '은폐'concealment의 요소를 다룰 때 우리가 염두에 두어야 할 매우 중요한 사실 하나가 있다. 그것은 본래 비유들이 예수님의 십자가와 부활 사건이 일어나기 전에 살던 청중에게 주어졌다는 사실이다. 그 당시의 사람들은 비유를 해석하는 데 도움을 주는 배경인 신약성경 전체를 갖지 못했다. 비유 내용의 많은 부분이 하나님나라에 관한 것이었는데, 당시의 청중들은 하나님나라에 대해 매우 잘못된 개념들을 갖고 있어서 비유들을 이해하기가 쉽지 않았다. 심지어 제자들까지도 비유들을 더 자세히 해석해 달라고 예수님께 요청해야 했다.

비유들을 해석할 때 제기되는 또 다른 문제는 비유와 알레고리 간의 문제이다. 예수님께서는 씨 뿌리는 자의 비유를 알레고리적 방식으로 해석하셨다. 이런 이유 때문에 우리는 모든 비유들이 알레고리적인 성격을 갖고 있으며 따라서 비유의 세부 사항들에 특별한 '영적' 의미가 있다고 생각하기 쉽다. 그러나 우리가 이런 식으로 비유에 접근하면 어려운 문제에 봉착하게 된다. 모든 비유들을 알레고리로 간주할 경우에 예수님의 가르침은 혼동의 덩어리가 되고 말 것이다. 이에 관해 루터는 이렇게 썼다. "우리는, 어떤 사람들이 그래왔고 지금도 그러는 것처럼, 자기 스스로 신비들을 만들어낼 필요가 없다. 성령님께서 그 일을 직접 하셔야 한다."[22] 설교할 때 상상력을 발휘해 비유의 세부조항들에서 알레고리적 의미를 찾는 것은 흥미로운 일일지 모르지만 그것은 아무 유익이 없다.

비유를 다루는 가장 안전하고 정확한 방식은 그 안에 담겨 있는 기본적인 중심 요점을 찾아내는 것이다. 비유 해석의 으뜸가는 원리는 신약성경이 명백히 알레고리적 의미를 시사하고 있는 것들(이를테면, 씨 뿌리는 자의 비유와 가라지의 비유)을 제외한 모든 비유들에서 알레고리적 의미를 찾지 않는 것이다. 이것이 루터가 "성령님께서 그 일을 직접 하셔야 한다"고 했을 때 의미했던 바다. 탕자의 비유와 같은 일부 비유들은 명백히 한 가지 이상의 요점을 갖고 있다. 또 어떤 비유들은 확장된 직유extended similes이고, 어떤 비유들은 비교하는 이야기comparative stories다. 또 어떤 비유들은 명백한 도덕적 적용moral application에 해당한다. 따라서 비유에서 한 가지 중심 의미를 찾아내는 으뜸 원리마저도 엄격하게 적용될 수 없다. 여기서의 기본 규칙도 비유들을 다룰 때 신중을 기해야 한다는 것이다. 비유들을 해석하면서 여러 가지 주석들을 참조하는 것은 매우 유익할 뿐 아니라 반드시 필요한 일이다.

규칙 10: 미래 예언을 신중하게 다루라

신약성경과 구약성경에 나타난 예언적 대언predictive prophecy, 豫言的代言은 성경을 해석하는 데 있어 가장 많이 남용된 부분 중 하나다. 이에 대한 해석에는 사실상 예언적 대언을 제거하려는 회의주의적이며 자연주의적인 방법에서부터, 동시대의 모든 사건에서 성경 예언의 '명백한' 성취를 찾아내려는 무모하고 황당한 방법에 이르기까지 그 폭이 매우 넓다.

고등 비평 방법은 미래에 대한 예언과 예언의 성취를 연상시키는 구절들을 모두 후대의 삽입으로 간주한다. 이 방법에 암묵적으로 전제되어 있는 것은 정확한 결과를 동반하는 미래 예언은 불가능하다는 사상이다. 그런 구절이 나타나는 경우에는 예언이 '성취된' 이후에 기록되거나 삽입된 것으로 생각한다. 그러나 이것은 신학적 '회피'에 지나지 않으며 진지하게 고려할 만한 것이 못 된다. 고전적인 의미에서 '선입관'prejudice을 가지게 되면, 정당성이 없는 가정에 근거해 본문을 '미리 판단'pre-judged하게 된다는 문제가 있다. 한편 일부 보수적인 신학자들은 성경 예언의 모든 부분들이 문자적으로 성취되어야 한다고 주장함으로써 상징적인 예언들이나 보다 넓은 의미를 지닌 예언들에 대한 소지를 남겨두지 않는다.

신약성경에서 구약성경의 예언을 다루는 방식을 살펴보면

그 문자적 성취에 주목하는 경우도 있고(예컨대 베들레헴에서 메시아가 탄생하실 것이라는 예언), 넓은 의미에서 예언이 성취되었다고 여기는 사건도 있다(예컨대 엘리야가 돌아올 것이라는 말라기의 예언의 성취).

말라기의 예언과 그 예언을 신약성경에서 다루는 방식을 살펴보면 이 문제의 복잡성을 알 수 있다. 구약성경의 마지막 장에는 다음과 같은 구절이 있다.

> 보라 여호와의 크고 두려운 날이 이르기 전에 내가 선지자 엘리야를 너희에게 보내리니 그가 아버지의 마음을 자녀에게로 돌이키게 하고 자녀들의 마음을 그들의 아버지에게로 돌이키게 하리라. 돌이키지 아니하면 두렵건대 내가 와서 저주로 그 땅을 칠까 하노라 하시니라(말 4:5-6).

구약성경은 엘리야가 돌아올 것이라는 예언과 함께 끝난다. 그 후 400년 동안 이스라엘 땅에서는 예언의 목소리가 들리지 않았다. 그러다가 갑자기 세례 요한이 무대에 등장한다. 그리하여 그의 정체에 대한 추측이 난무했다. 요한복음에는 유대인들이 예루살렘에서 제사장들과 레위인들을 보내 요한의 정체에 관해 묻는 내용이 나온다(요 1:19-28). 먼저 그들은 "네가 메시아냐?" 하고 묻는다. 요한은 아니라고 대답한다. 이어서 그들은

"네가 엘리야냐?" 하고 묻는다. 또 다시 요한은 "나는 아니라"고 매우 분명하게 답변한다.

세례 요한과 엘리야와의 관계의 문제는 마가복음 9장 12-13절에 나타난 예수님의 말씀으로 인해 더 복잡해진다. "엘리야가 과연 먼저 와서 모든 것을 회복하거니와 어찌 인자에 대하여 기록하기를 많은 고난을 받고 멸시를 당하리라 하였느냐 그러나 내가 너희에게 이르노니 엘리야가 왔으되 기록된 바와 같이 사람들이 함부로 대우하였느니라."

다시 예수님은 마태복음 11장 13-15절에서 이렇게 말씀하신다. "모든 선지자와 율법이 예언한 것은 요한까지니 만일 너희가 즐겨 받을진대 오리라 한 엘리야가 곧 이 사람이니라 귀 있는 자는 들을지어다."

세례 요한은 자신이 엘리야가 아니라고 분명히 밝힌 반면에 예수님은 그가 엘리야라고 말씀하시는 것이다. 그러나 예수님께서 그렇게 말씀하시는 방식에 주목할 필요가 있다. 예수님께서는 자신의 말씀 앞에 "너희가 그 예언을 기꺼이 받아들이려고 하면(새번역)"if you care to accept it이라는 단서를 붙이신다. 분명히 예수님께서는 어떤 비밀스러운 것을 마음에 두고 계신다. 아마도 그 수수께끼에 대한 해답은, 요한의 탄생을 예고한 가브리엘 천사의 말, 즉 "그가 또 엘리야의 심령과 능력으로 주 앞에 먼저 와서"(눅 1:17)에서 찾을 수 있을 것이다.

이 문제는 요한이 실제로 엘리야의 화신이거나 재출현은 아니라는 점을 지적하는 것으로 해결할 수 있다. 하지만 어떤 의미에서 세례 요한은 엘리야이다. 그가 엘리야의 심령spirit과 능력power으로 왔기 때문이다. 이렇게 이해하면 요한 자신의 부인뿐 아니라 예수님의 비밀스러운 전제도 설명할 수 있을 것이다. 그러나 우리의 논의에서 중요한 것은 예수님께서 구약성경의 예언을 다루시는 방식이다. 적어도 이 경우에 예수님은 어느 정도의 성취를 시사하셨지만 엘리야와 세례 요한의 실제적 동일성을 주장하지는 않으셨다.

예언의 모든 형태 가운데 묵시양식apocalyptic form이 다루기가 가장 어렵다. 묵시문학의 중요한 특징은 고도의 상징적 이미지인데, 성경에서 이것은 때로 해석되기도 하고 그렇지 않기도 한다. 성경에서 이 범주에 속하는 가장 중요한 책 세 가지는 다니엘서와 에스겔서와 요한계시록이다. 우리는 다니엘서에 등장하는 상징들과 신약성경에 등장하는 묵시적 드라마에 아주 쉽게 당황한다. 이런 이미지들을 해석하는 한 가지 중요한 열쇠는 성경 자체에 등장하는 이미지들의 일반적 의미를 찾는 것이다. 예를 들어, 요한계시록에 등장하는 대부분의 이미지들은 성경의 다른 책, 특히 구약성경에서 찾아볼 수 있다.

예언을 해석하는 일은 너무 복잡하기 때문에 해석을 위한 상세한 공식을 제시하는 것은 이 책의 범위를 넘어선다. 성경을 공부하는 사람은 성경 문헌에서 예언의 범주를 특별히 연구해야 한다. 다시 말하거니와 예언을 해석할 때 신중을 기해야 한다. 건전한 자세로 매우 주의 깊게 접근해야 한다는 말이다. 그렇게 할 때 예언서 연구는 많은 보상을 가져다 줄 것이다.

규칙 11: 겸손의 영을 가지고 성경을 해석하라

그의 책 『탁상담화』*Table Talks*에서 마르틴 루터는 이렇게 논평했다. "우리가 겸손해야 할 수많은, 진정 셀 수 없는 증거들이 우리를 둘러싸고 있음에도 불구하고 인간이 그토록 거만하고 자신만만해 하는 것은 참으로 놀라운 일이다. … 그렇지만 우리의 마음은 강철과 같이 단단하며 그러한 증거에 어떤 주의도 기울이지 않는다."[23] 겸손을 요청하는 그의 말을 경청하는 것은 지혜로운 일이다.

내가 지금까지 서술한 바에 비추어 보면, 우리는 비록 자신의 성경 해석과 견해에 대해 옳다고 믿더라도 어떤 부분에 대해서는 실수할 수도 있다는 가능성을 분명 겸손히 인정할 줄 알아야 한다. 오직 하나님만이 모든 것을 아신다. 비록 그분의 말씀은 오류가 없고 틀릴 수 없지만, 우리의 말씀 해석은 그렇지 못하다. 제임스 사이어는 그의 책 『비뚤어진 성경해석』*Scripture*

*Twisting*에서 이렇게 적절히 논했다.

> 성경의 권위를 존중하는 그리스도인이라면 성경을 올바로 읽는 일에 특별한 부담을 갖고 있다. 우리는 쉽게 오류에 빠질 수 있다. 하나님의 말씀이 의미하는 바에 대해 언제나 절대적으로 옳은 답을 말할 수 있는 사람은 사실 아무도 없다. 그러하기에 우리는 날마다 성경으로 돌아가 읽고 또 읽고, 생각하고 다시 생각하며, 우리가 이해한 것에 순종하고, 새로운 통찰이 주어졌다면 이전에 읽었던 내용을 수정해야 한다. 그러면서 정통 기독교는 역사적으로 성경을 어떻게 이해해 왔는지 살피며 우리의 목사와 동료 그리스도인들과 함께 지속적으로 자신의 성경에 대한 이해를 비교 검토해야 한다.[24]

달리 말하자면, 루터가 언급한 것처럼 "하나님의 말씀에 대해 경외심과 두려움을 보이며 계속하여 '나를 가르치소서, 나를 가르치소서, 나를 가르치소서!'하고 말하는 겸손한 독자만이 성경에 올바로 접근할 수 있다."[25]

나는 1장에서 '대충 한 번' 읽고 지나가는 식의 성경공부는 진지하게 진리를 행하려는 그리스도인들에게 발붙일 여지가 없다고 썼다. 성경을 알아가는 것은 성실함과 인내가 요구되는 평생에 걸친 작업이다. 바울은 디모데에게 "너는 배우고 확신한

일에 거하라"고 조언하면서, 성경은 "교훈과 책망과 바르게 함과 의로 교육하기에 유익하"다(딤후 3:14, 16)고 상기시켰다. 우리는 성경을 공부하고 배워가면서 주님을 사랑하는 데 있어서도 더욱 자라고 성숙해져야 한다. 그렇게 하려면 우리는 바로잡아 주시는 성경 말씀에 늘 열려 있어야 한다.

이 말은 우리가 성경을 해석하면서 늘 의심하고 언제나 모호한 상태로 남아 있으라는 의미가 아니다. 그와 반대로, 이 책에 개괄적으로 제시된 기본적인 해석학 원리들을 따라 조심스레 성경을 탐구했다면 우리는 자신의 견해에 대해 충분한 확신을 가져도 되는 것이다. 하지만 성경 구절에 대한 우리의 이해를 재구성할 만한 새로운 정보를 접했다면, 먼저 적절한 사실들을 주의 깊게 점검하지 않고 그것을 멀리해서는 안 된다. 전에 얘기했던 바대로 "나의 견해가 객관적인 분석과 증명의 시험을 견디지 못할 경우에는 겸손하게 그 견해를 포기해야 한다."

하나님의 말씀을 해석하고 그대로 실천하며 살아가는 길에 있어 우리의 교만과 거만함, 혹은 게으름이 방해거리가 되어서는 안 된다. 우리는 항상 말씀의 권위 아래에 서야 하며 우리는 오류를 범할 수 있음을 겸손히 인정해야 한다. 그렇지만 선지자와 복음서 즉 구약과 신약에 비추어 우리의 성경 이해가 오류를 범한 것이 아닌 한, 루터가 그랬던 것처럼 우리는 그 어떤 잘못도 인정해서는 안 된다. 우리는 오직 성경에만sola Scriptura 복종해야 한다. 이것이 우리가 서 있어야 하는 자리이다.

지금까지 제시한 해석의 실제적 규칙들은 우리가 성경에서 만나는 모든 전문적인 문제들을 포괄하지는 못하지만, 성경을 연구하는 데 도움을 주며 지침을 제공한다. 이것들은 성경의 각 본문을 완벽하게 이해하게 하는 마술적인 공식은 아니다. 그렇지만 이러한 규칙들은 성경에 나타난 특별한 문제들을 인식하고 해결하는 데 도움을 준다. 만일 우리가 이런 기본 지침들을 잘 따른다면 혼동으로 당혹스러워하며 많은 시간을 보내지 않아도 될 것이다.

5장
문화와 성경

나는 성경을 정확하게 해석하는 데 있어, 고대 문화의 제약이라는 문제보다 훨씬 더 치명적인 장애물이 21세기적인 사고방식의 영향이라고 확신한다. 종교개혁자들도 세속적인 사고방식의 영향을 우려해 이상적인 '백지 상태'의 관점에서 성경을 주석하려 했다. 성경 해석자는 문법적 · 역사적 방법을 사용해 본문을 객관적으로 읽기 위해 가능한 한 열심히 노력해야 한다. 설령 주관적인 영향들이 언제나 명백한 왜곡의 위험을 초래한다 해도 성경 연구자는 모든 가능한 안전장치들을 사용하면서 자신의 편견을 섞는 일 없이 성경의 메시지에 귀를 기울이는 이상을 추구해야 한다.

허먼 멜빌Herman Melville은 자신의 소설 『레드번』*Redburn*에서 난생 처음 바다로 나간 젊은이에 관해 쓰고 있다. 레드번이 영국으로 떠날 때 그의 아버지는 리버풀 시의 매우 오래된 지도 한 장을 그에게 주었다. 레드번은 힘든 항해 끝에 마침내 리버풀에 도착했다. 그는 자기 아버지가 준 지도가 그 도시에 대한 좋은 안내서가 될 것이라고 확신했다. 하지만 그 지도는 아무 도움이 되지 못했다. 지도가 제작된 이후에 너무 많은 변화가 일어났기 때문이다. 옛 도로 표지들이 사라졌고 거리의 이름들이 바뀌었으며 사람들이 살던 집들이 많이 사라졌다.

어떤 이들은 레드번 이야기에서 우리의 인생을 인도하지 못하는 고대 성경의 부적절함에 대한 멜빌의 개인적 저항을 읽어낸다. 오늘날 많은 사람들이 좌절한 나머지 이와 동일한 의미의 저항을 하고 있다.

문화적 제약과 성경

기독교 세계에서 일어나는 치열한 쟁점들 가운데 하나는 성경이 어떤 의미에서, 그리고 어느 정도로 문화의 제약을 받느냐 하는 점이다. 신약성경은 단지 1세기 그리스도인들만을 위해 기록되었는가? 아니면 모든 시대의 사람들을 위해 기록되었는가? 우리는 재빨리 후자의 질문에 긍정적으로 답할지 모른다. 그러나 과연 무조건적으로 그렇게 할 수 있겠는가? 기록 당시의 문화적 상황에 매여 있어 그 적용도 당시의 문화적 상황에만 국한되는 부분이 성경에는 없을까?

성경이 하나님의 계시를, 천상의 특별한 언어와 천상의 펜으로 기록해 낙하산을 타고 하늘에서 떨어진 책이라고 주장하지 않는 한, 또는 성경이 지역의 관습과 양식이나 관점과는 관계없이 하나님께서 직접적이고 즉각적으로 구술하신 것을 기록한 책이라고 하지 않는 한, 우리는 문화적 차이라는 문제를 피할 수 없다. 다시 말해, 성경은 기록 당시의 문화를 반영하는 책이다. 그렇다면 문제는 어떻게 오늘날에도 성경이 우리에게 권위를 가질 수 있느냐 하는 것이다.

1960년대에 교회에서 일어났던 한 논쟁은 문화적 제약의 문제를 예증해 준다. 1967년에 미국 연합 장로교회United Presbyterian Church는 성경에 관한 진술을 포함해 다음과 같은 새로운 신앙고백을 채택했다.

> 성령의 인도하심 아래 주어졌음에도 불구하고 성경은 그것이 기록된 장소와 시대의 언어, 사고 형태들 그리고 문학 양식들에 의해 '제약을 받는' 사람의 말이기도 하다. 성경은 당시의 다양한 인생관과 역사관과 우주관을 반영한다. 그러므로 교회는 문학적, 역사적 이해를 갖고 성경에 접근할 의무가 있다. 하나님께서 자기 말씀을 다양한 문화적 상황에서 말씀하셨으므로 교회는 하나님께서 변화하는 세계 속에서, 그리고 모든 형태의 인간 문화 속에서 성경을 통해 계속해서 말씀하실 것을 확신한다.

이 신앙고백은 1960년대 말에 수많은 대화와 토론과 논쟁을 불러일으켰다. 논쟁의 초점은 이 신앙고백이 진술한 것보다는 오히려 진술하지 않고 남겨둔 것에 맞추어졌다. 불행하게도 이 신앙고백은 각 진술이 의미하는 바를 자세히 밝히지 않은 탓에 암시와 추론을 이끌어낼 여지가 상당히 많았다. 여기에 명백히 언급된 단어들로만 본다면 정통주의 신학자 벤자민 워필드B. B. Warfield나 실존주의 신학자 루돌프 불트만 모두 동의할 수 있을 것이다. 성경에 얼마나 많은 권위가 있는지는 주로 이 신앙고백에서 '제약을 받는'conditioned이라는 말을 어떻게 이해하느냐에 달려 있다. 논쟁 당시에 많은 보수주의자들은 성경이 어떤 의미에서건 고대의 문화에 '제약을 받는다'고 한 말에 큰 우려를 표명했다. 반면에 많은 자유주의자들은 성경이 문화에 '제약을 받을' 뿐 아니라 그것에 '매여 있다'bound고 주장했다.

성경이 문화의 '제약'을 받는다는 말의 의미와 정도의 문제뿐 아니라, 성경이 고대의 "다양한 인생관과 역사관과 우주관을 반영한다"는 표현이 의미하는 바와 그 정도의 문제도 논쟁 대상이 되었다. '반영한다'reflect는 말은 성경이 인생과 역사와 우주에 관해 시대에 뒤떨어지고 부정확한 견해를 참된 것으로 가르치고 있음을 의미하는가? 이런 문화적 관점은 성경 메시지의 본질에 속한 부분인가? 아니면 우리가 현상적 언어와 같은 것들에 주목하면서 성경의 행간을 읽을 수 있으며, 문화적 배경에 문화를 초월하는 메시지가 주어졌음을 의미하는가? 우리가 이런 질문들에 어떻게 답하느냐에 따라 성경에 대해 우리가 가진 견해의 많은 부분이 드러날 것이다. 이것은 성경의 성격에 대한 우리의 생각이 성경 해석에 영향을 미친다는 사실을 또 다시 보여준다. 여기서 궁극적인 문제는, 성경의 적실성과 권위가 성경 본문에 나타난 변화하는 인간 체계들structures과 관점들로 어느 정도까지 제한을 받느냐는 것이다.

앞에서 살펴보았듯이, 성경 본문을 정확하게 주석하고 본문에서 말하는 것과 의미하는 것을 이해하려면 성경 연구자는 반드시 언어(헬라어, 히브리어, 아람어), 문체, 구문, 역사적 · 지리적 상황, 저자, 수신자, 문학 장르와 같은 문제들을 분석해야 한다(3장을 보라). 이러한 분석은 성경뿐 아니라 현대 문학을 포함한 모든 형태의 문학적인 글을 해석할 때에도 필요하다.

한 마디로 말해, 1세기 팔레스타인의 문화를 더 잘 이해하면 할수록 본문이 말하는 것을 더 정확하게 이해할 수 있다. 그러나 성경은 아주 오래 전에 우리의 것과는 매우 다른 문화적 상황에서 기록되었으므로 1세기와 21세기 사이의 엄청난 시간적 간격을 연결하는 것은 언제나 쉽지 않은 일이다.

문화적 제약과 독자

성경이 당시의 문화적 상황의 제약을 받을 뿐 아니라, 성경 독자들도 현대의 문화적 상황에 제약을 받기 때문에 문제가 더욱 심각해진다. 때때로 우리가 성경 말씀을 듣는 것과 깨닫는 것이 어려운 이유는 수없이 많은 성경 외적인 가정들을 가지고 성경에 접근하기 때문이다. 아마도 이것이 우리가 직면하는 '문화적 제약'의 가장 큰 문제일 것이다. 우리 가운데 누구도 이 시대의 자녀가 되는 것에서 완전히 자유로울 수 없다. 나에게는 기독교 사상과는 아무 관계가 없고 단지 자신만의 배경에서 형성된 견해들이 있고, 또 그것들을 가르치고 있다는 것도 안다(따라서 4장의 규칙 11번이 필요하다). 만약 내 생각들 중 어떤 것이 성경과 조화를 이루지 않는지 안다면 그것을 바꾸려고 애쓸 것이다. 그러나 성경의 가르침과 맞지 않는 생각들을 분류해 내는 것은 늘 쉽지 않다. 우리 모두는 같은 실수를 몇 번이고 거듭해서 범하는 경향이 있다. 자신이 그것들을 제대로 알아차리지 못하기 때문에 우리에게 맹점들이 있는 것이다.

나는 주관주의적 맹점의 문제를 조립용 스테레오 기기를 직접 조립하면서 절감했다. 조립용 부품들을 구입한 다음, 나는 전자공학 전문가인 친구에게 조립을 도와달라고 부탁했다. 내가 설명서를 읽어주는 대로 친구는 무려 2백 단계 이상의 과정을 거치면서 주의 깊게 부품들을 연결했다. 우리는 마침내 조립을 마치고 플러그를 끼운 뒤에 소파에 앉아 음악을 듣기 시작했다. 우리 귀에 들리는 음악은 비할 데 없이 좋았다. 실제로 그것은 지상에서 만들어진 음악이 아니라 천상의 음악처럼 들렸다! 그런데 갑자기 이상한 소음이 들리기 시작했다. 조립과정에서 뭔가 실수를 한 것이다.

우리는 고심하면서 조립과정을 하나하나 점검했다. 회로도와 설명서의 점검 목록을 여덟 차례에 걸쳐 살펴보았으나 아무 문제도 발견하지 못했다. 마지막으로 우리는 자포자기하는 심정으로 역할을 바꿔보기로 했다. 이번에는 내 친구가 설명서를 읽고 문외한인 내가 연결 부분들을 살펴보았다. 설명서의 134번 항목쯤에 이르렀을 때 마침내 문제를 찾아냈다. 선 하나가 엉뚱한 단자에 납땜되어 있었다. 어떻게 된 일인가? 전문가인 내 친구가 처음에 선을 연결할 때 실수를 한 것인데 여덟 번을 점검하면서도 그것을 찾아내지 못한 것이다. 아마 자신의 잘못된 관점 탓에 실수한 부분이 눈에 보이지 않았을 것이다.

우리도 이런 식으로 성경에 접근하는 경우가 많다. 따라서 우리는 성경이 우리를 비판하게 해야 하며 성경을 비판하려는 우리의 생각을 억제해야 한다. 성경에 대한 우리의 시각이 진리를 왜곡할 수 있음을 깨달아야 하는 것이다.

나는 성경을 정확하게 해석하는 데 있어, 고대 문화의 제약이라는 문제보다 훨씬 더 치명적인 장애물이 바로 21세기적인 사고방식의 영향이라고 확신한다. 종교개혁자들도 세속적인 사고방식의 영향을 우려해 이상적인 '백지 상태'tabula rasa의 관점에서 성경을 주석하려 했다. 성경 해석자는 문법적 · 역사적 방법을 사용해 본문을 객관적으로 읽기 위해 가능한 한 열심히 노력해야 한다. 설령 주관적인 영향들이 언제나 명백한 왜곡의 위험을 초래한다 해도 성경 연구자는 모든 가능한 안전장치들을 사용하면서 자신의 편견을 섞는 일 없이 성경의 메시지에 귀를 기울이는 이상을 추구해야 한다.

최근에는 성경 해석에 대한 여러 새로운 접근법들이 경쟁적으로 출현한 시기였다. 20세기에 나타난 여러 방법들 중에 가장 눈에 띄는 것은 '실존적 방법'existential method이다. 이 방법은 새로운 해석학을 통해 전통적인 접근법에서 급격하게 이탈했다. 예를 들어, 루돌프 불트만은 백지 상태의 접근이 가능하지도 않고 바람직하지도 않다고 주장했다. 성경은 근대 과학시대 이전에 기록되었고 본질상 초기 기독교 공동체의 삶의 정황에서 비롯된 산물이므로 오늘날 우리에게 적실한 것이 되려면 현대화되어야 한다는 것이다. 불트만은 성경 본문에 접근하기 전에 반드시 '전前 이해'prior understanding를 가져야 한다고 주장한다. 만일 현대인이 성경에서 자기 문제에 대한 타당한 답을 얻으려면 먼저 올바른 질문을 가지고 성경에 접근해야 한다. 그리고 그런 질문은 인간의 실존을 철학적으로 적절하게 이해할 때에만 제기할 수 있다는 것이다. 하지만 불트만에 따르면 인간 실존에 대한 철학적 이해는 성경에서 얻는 것이 아니라 성경에 접근하기 전에 미리 형성되어야 한다. 이러한 해석 방법이 지금도 여전히 사용되고 있다.

좀 더 최근에는 스탠리 피쉬Stanley Fish와 존 도미닉 크로산John Dominic Crossan이 과연 본문에서 어떤 의미를 찾을 수 있겠느냐는 의문을 제기했다. 말하자면 해석이나 독자들의 지성mind을 떠나서는 본문에서 어떤 최종적인 의미를 도출할 수 없다는 것이다. 신약학자인 그랜트 오스본Grant Osborne은 이렇게 설명한다.

> 피쉬는 공동의 기반을 가지고 함께 글을 읽어온 무리들 안에서나 심도 깊은 대화나 중요한 질문이 도출된다고 보았다. 따라서 어떤 토론이나 이해는 그 공동체 안에서나 가능하다는 얘기다. 다른 공동체라면 같은 단어와 상징을 사용하더라도 거기에 다른 의미를 부여한다. 그래서 문자 그대로의 의미란 없다. 같은 글을 읽으면서도 다양한 의미로 통할 수도 있는 것이다.[26]

이것은 이 시대의 사고방식이 1세기의 본문들을 제약하고 구속하는 전형적인 실례를 보여준다. 이런 방법들은 성경을 그 자체의 역사에서 분리하여 그저 주관적인 것으로 변화시키는 냉정한 결과를 초래한다. 이렇게 되면 결국 1세기의 메시지는 21세기의 정신세계에 삼켜지고 흡수되고 만다.

비록 성경 해석자들이 석의 방법에 동의하고 더 나아가 본문의 석의 자체에 동의하더라도 우리는 본문의 적용과 적실성, 그리고 본문이 부과하는 의무의 문제를 여전히 안고 있다. 또 성경이 하나님의 감동으로 기록된 것이며, 과학시대 이전의 인간 저자들의 산물이 아니라는 것에 동의하더라도 우리는 여전히 적용의 문제에 직면하게 된다. 성경이 1세기 그리스도인들에게 명령한 것을 과연 오늘날 우리에게도 적용할 수 있는가? 성경은 어떤 의미에서 오늘날 우리의 양심을 구속하는가?

원리와 관습

오늘날 많은 집단들 안에서 문제가 되는 것은 원리와 관습이다. 모든 성경은 원리이며 따라서 모든 시대의 모든 사람들에게 구속력을 갖는다고 결론을 내리지 않는 한, 또는 모든 성경은 당시의 역사적 상황을 벗어나서는 적실성을 가질 수 없는 국지적인 관습에 불과하다고 결론을 내리지 않는 한, 우리는 원리와 관습의 차이를 구별하는 데 필요한 몇 가지 범주와 지침을 확립해야 한다.

이 문제를 좀 더 쉽게 이해하려면 성경에 기록된 모든 것이 원리이며 단순히 지역적인 관습을 반영한 것은 아니라고 주장할 때 어떤 일이 일어나는지 살펴보아야 한다. 만일 이것이 사실이라면 우리는 전도와 관련해 성경 말씀에 순종하기 위해 몇 가지 근본적인 사항을 수정해야 한다. 예수님께서는 "전대나 배낭이나 신발을 가지지 말며 길에서 아무에게도 문안하지 말[라]"(눅 10:4)고 하셨다. 만일 이 구절을 초문화적인 원리로 간주한다면 모든 복음전도자들은 맨발로 전도를 해야 할 것이다!

하지만 이 구절의 요점이 맨발 전도를 영원한 요구조건으로 규정하는 것에 있지 않다는 것은 분명한 사실이다.

그러나 다른 문제들은 그렇게 분명하지 않다. 예컨대 그리스도인들은 세족 의식에 대해 아직 의견 일치를 이루지 못하고 있다(요 13:3-17을 보라). 세족 의식은 모든 시대의 교회들이 지켜야 할 영원한 규례인가? 아니면 겸손한 섬김의 원리를 보여주는 국지적 관습에 지나지 않는가? 신발을 신는 문화권에서는 원리만 남고 관습은 사라지는가? 아니면 신발을 신든지 신지 않든지 상관없이 원리와 함께 관습도 그대로 남는가?

이 딜레마는 고린도전서 11장에 있는 '머리에 쓰는 것'에 관한 유명한 본문을 살펴보면 더욱 복잡해진다. 『새개역표준성경』NRSV은 이 본문을 여자들은 예언할 때 머리에 베일을 써야 한다는 의미로 번역한다. 이 명령을 우리의 문화권에 적용하려 들 때 우리는 다음과 같은 네 가지 가능성에 직면한다.

(1) 예언할 때 여자들이 머리에 베일을 써야 한다는 것은 전적으로 그때의 관습이다. 본문 전체는 오늘날에는 아무런 적실성이 없는 문화적 관습을 반영한다. 머리에 베일을 쓰는 것은 당시의 특정한 지역에서 지키던 관습이었다. 그 지역에서 여자가 머리에 아무 것도 쓰지 않는 것은 매춘부임을 나타내는 표시였다. 그런데 여자가 남편에게 종속되었음을 나타내는 표시는 신약성경의 전체 가르침에 비추어 볼 때 구시대적인 유대의

관습이다. 따라서 우리는 다른 문화권에 살고 있으므로 여자들이 베일로 머리를 가릴 필요가 없다. 여자는 더 이상 남자에게 종속될 필요가 없는 것이다.

(2) 여자들이 머리에 베일을 쓰는 것은 전적으로 원리이다. 이 경우에 본문에서 말하는 모든 것은 문화를 초월하는 원리로 간주된다. 이 원리는 다음과 같은 방식으로 적용될 수 있다. (a) 여자들은 기도하는 동안에 남자에게 복종적인 위치에 있어야 한다. (b) 여자들은 머리를 가림으로써 언제나 그러한 복종의 표시를 해야 한다. (c) 여자들은 유일하게 적절한 표시인 베일을 머리에 써야 한다.

(3) 여자들이 머리에 베일을 쓰는 것은 부분적으로 원리이며, 부분적으로 관습이다(선택 A). 이 경우에 본문의 일부는 원리로 간주되며, 따라서 모든 시대에 구속력을 갖는다. 하지만 다른 부분은 더 이상 구속력이 없는 관습으로 간주된다. 여자가 복종해야 한다는 원리는 초문화적인 것이지만 그것을 표현하는 수단(머리에 베일을 쓰는 것)은 관습적인 것이며 변화될 수 있는 것이다.

(4) 여자들이 머리에 베일을 쓰는 것은 부분적으로 원리이다(선택 B). 이 마지막 선택에서 여자의 복종의 원리와 머리에 쓰는 상징적 행위는 영구적인 것으로 간주된다. 단지 머리에 쓰는 도구는 문화에 따라 바뀔 수 있다. 베일은 머리에 쓰는 스카프나

모자로 대치될 수 있다.

이러한 대안들 가운데 어느 것이 하나님을 가장 기쁘시게 하는 것일까? 나는 이 질문에 대한 최종적인 답이 무엇인지 확실히 모른다. 이러한 종류의 질문들은 대체로 극히 복잡해서 단순한 해결책을 찾을 수 없다. 그러나 한 가지는 분명하다. 이러한 문제들을 해결하려면 몇 가지 특별한 지침들이 필요하다는 것이다. 이러한 문제들에는 보통 일종의 적극적인 실천적 결단이 필요하며, 미래 세대에 해결할 신학적 문제로 남겨둘 수 없는 것이다. 이런 문제들을 해결하는 데는 다음의 실제적 지침들이 우리에게 도움을 줄 것이다.

실제적 지침들

1. 성경 자체에서 명백한 관습의 영역들을 찾아내라

성경 자체를 면밀하게 살펴보면 그 안에 일정한 정도로 관습이 나타나 있음을 알 수 있다. 예를 들어, 구약성경의 문화에서 제시된 하나님의 원리들이 신약성경의 문화에서 다시 진술되고 있다. 구약성경의 율법과 원리들이 신약성경에서 다시 진술된 것을 살펴보면 관습과 문화와 사회적 인습을 초월하는 공통적인 핵심 원리가 있음을 알 수 있다. 동시에 구약성경의 일부 원리들(모세오경의 음식법 같은 것들)이 신약성경에서 폐지된 것도 볼 수 있다. 물론 이것은 구약성경의 음식법이 단순히 유대인들의 관습의 문제라는 것을 의미하지 않는다. 단지 구속사가 진행되는 과정에서 옛 시대에 속한 구약성경의 일부 율법이 그리스도에 의해 폐지되었음을 의미할 뿐이다. 구약성경의 모든 원리들을 신약성경으로 그대로 옮기거나 반대로 아무 것도 옮기지 않는 것은, 성경 자체에 의해 결코 정당화될 수 없음을 우리는 주의 깊게 인식해야 한다.

성경에 등장하는 문화적 관습 가운데 다른 문화권으로 옮길 때 문화적 변용이 가능한 것이 있는가? 첫째, 언어는 명백하게 문화적 유동성을 지닌 요소들 중 하나다. 구약성경의 율법들은 히브리어에서 헬라어로 번역될 수 있다. 이 사실은 적어도 언어 소통의 유동적인 성격에 대한 단서를 제공한다. 다시 말해 언어는 변용될 수 있는 문화적 양상이다. 성경의 내용이 언어적으로 왜곡될 수 있다는 말이 아니라 복음이 헬라어는 물론 영어로도 선포될 수 있다는 말이다.

둘째, 우리는 구약성경에 등장하는 의복 양식들이 하나님의 백성을 위한 영구적인 규례가 아니라는 것을 안다. 검소함의 원리는 유지되어야 하지만 지역적으로 특정 의복 양식은 바뀔 수 있는 것이다. 구약성경은 모든 시대의 신자들이 입어야 하는 경건한 의복을 규정하지 않는다. 화폐제도와 같은 그밖의 일반적인 문화적 차이들도 얼마든지 변화될 수 있다. 그리스도인들은 달러 대신에 데나리온을 사용해야 할 의무가 없다.

의복이나 화폐와 같은 외적인 문화 양상을 분석하는 일은 수월하지만 문화적 제도들과 같은 문제는 매우 어렵다. 예를 들어, 노예제도는 오늘날 부부관계에서의 권위의 문제와 시민 복종의 문제를 논의할 때 자주 언급된다. 아내들을 향해 자기 남편에게 복종하라고 요청하는 동일한 문맥에서 사도 바울은 종들을 향해 자기 주인에게 복종하라고 요청한다. 어떤 사람들은 노예제도 폐지의 씨가 신약성경에서 뿌려졌으므로 마찬가지로 아내의 복종적 지위 폐지의 씨도 신약성경에서 뿌려졌다고 주장한다. 이런 추론에 따르면 두 가지 제도는 문화적으로 제약을 받는 제도적 구조들을 대표한다.

여기서 우리는 성경이 단지 그 존재를 인정하고 있는 제도들—이를테면 '위에 있는 권세들'(롬 13:1)—과 성경이 적극적으로 제정하고 승인하고 명령하는 제도들을 주의 깊게 구분해야 한다. 로마 정부와 같은 기존의 권세에 복종해야 한다는 원리는 그런 구조적 권세들을 필연적으로 하나님께서 승인하셨음을 의미하지는 않는다. 그 원리는 단지 겸손과 시민적 복종을 요청할 뿐이다. 하나님께서는 궁극적으로 볼 때 신비한 섭리 속에서 가이사 아구스도를 존재하게 하시면서도 그를 덕의 모본으로 추천하지는 않으신다. 그러나 결혼제도와 그 안에서의 권위 유형은 구약과 신약성경 모두에서 긍정적인 제도로 승인되었다. 따라서 성경의 가정제도를 노예제도 문제와 동일선상에 놓는 것은 양자 사이의 많은 차이점들을 모호하게 한다. 성경은 창조의 선한 의도들을 반영하는 제도들을 적극적으로 승인할 뿐 아니라 억압적이거나 악한 상황 속에서 그리스도인들이 취해야 할 행동의 기초를 제공한다.

2. 1세기 그리스도인들의 독특한 특성을 고려하라

1세기의 문화적 상황을 연구함으로써 성경의 내용을 더 명료하게 이해하고자 하는 것과 신약성경을 단지 1세기 문화를 반영한 것으로만 해석하는 것은 전혀 다른 문제다. 후자의 시도로는 1세기 당시에 교회가 경험한 심각한 갈등을 설명할 수 없다. 그리스도인들은 단지 문화에 순응하는 것이 싫었기 때문에 사자들에게 던져진 것이 아니었다.

성경 본문을 상대화하는 매우 미묘한 방식 가운데 하나는 본문에 없는 문화적 요인을 본문 안에 넣어서 읽는 것이다. 예를 들어, 고린도 교회에서 머리에 베일을 쓰는 문제와 관련해 많은 주석가들은 고린도 매춘부들의 지역적 상징이 바로 머리에 아무 것도 쓰지 않는 것이라고 지적한다. 이런 논증에 따르면, 사도 바울이 여자들에게 머리를 가리라고 말한 것은 그리스도인 여성들이 매춘부처럼 수치스럽게 보이는 것을 피하게 하기 위한 것이다.

이런 해석의 문제는 무엇인가? 여기서 근본적인 문제점은 1세기 고린도의 상황을 재구성한 지식에 근거하여 바울이 가졌던 것과는 전혀 다른 이유를 그에게 부과한 것이다. 한 마디로 말해, 자기가 하고 싶은 말을 사도의 입에 넣었을 뿐 아니라 본문에 있는 사도의 말을 무시했다. 만일 바울이 단지 고린도 교회의 여성도들에게 머리에 쓰라고만 말하고 그렇게 해야 하는 근본적인 이유를 제시하지 않았다면 우리는 문화적 지식을 동원해 그 이유를 보충해 넣을 수 있을 것이다. 하지만 이 경우에 바울은 고린도 매춘부들의 관습이 아니라 창조에 근거한 원리를 제시한다. 우리는 문화에 대한 지식의 열정 때문에 본문이 실제로 말하는 내용을 모호하게 만들지 않도록 주의해야 한다. 본문에서 바울이 명백하게 말한 이유를 우리가 추정한 이유에 종속시키는 행위는 사도를 모욕하는 것이며 석의exegesis를 그릇된 자기 해석eisegesis으로 만드는 것이다.

3. 창조 명령은 초문화적 원리로 간주하라

만일 성경의 어떤 원리들이 지역 문화의 한계를 초월한다면 그것들은 창조로부터 유래한 것이다. 창조 명령에 대한 호소들은 하나님께서 인간과 체결하신 언약의 조건들을 반영하고 있다. 창조의 법들은 히브리인이나 그리스도인이나 고린도인에게

만 주어진 것이 아니라, 하나님께 대한 인간의 기본 책임에 뿌리를 둔 것이다. 창조의 원리들을 단지 지역적 관습으로 취급하는 것은 성경의 내용을 상대화하고 비非역사화하는 최악의 경우에 해당된다. 그러나 정확하게 바로 이 지점에서 많은 학자들이 성경의 원리들을 상대적인 것으로 만들어버린다. 실존적 해석 방법을 사용하는 학자들이 가장 노골적으로 이렇게 한다.

예수님께서 이혼 문제를 취급하신 것을 살펴보면 창조 명령의 중요성을 쉽게 이해할 수 있다. 바리새인들은 어떤 이유로든 이혼하는 것이 합법적인가 하는 문제로 예수님을 시험했다. 그때 예수님은 결혼에 대한 창조 명령을 인용하시면서 그들의 질문에 대응하셨다. "사람을 지으신 이가 본래 그들을 남자와 여자로 지으시고 말씀하시기를 그러므로 사람이 그 부모를 떠나서 아내에게 합하여 그 둘이 한 몸이 될지니라 하신 것을 읽지 못하였느냐… 그러므로 하나님이 짝지어 주신 것을 사람이 나누지 못할지니라"(마 19:4-6). 이 이야기의 삶의 정황을 재구성해 보면 바리새인들이 당시 랍비 학파인 샴마이Shammai 학파와 힐렐Hillel 학파를 날카롭게 분리시킨 어떤 문제에 대해, 예수님의 견해를 듣고자 한 것임을 쉽게 알 수 있다. 예수님은 두 학파 가운데 어느 한 편을 전적으로 지지하기보다 그 문제를 창조의 관점에서 다룸으로써 결혼의 규범을 제시하셨다. 모세가 창조의 법을 수정한 것을 예수님께서 인정하신 것은 사실이지만 대중의 압력이나 당시 사람들의 문화적 견해에 굴복해 결혼의 규범을 약화시키는 것은 거부하셨다. 여기서 우리는, 창조 명령들은 후대의 다른 성경 계시에 의해 명백하게 수정되지 않는 한 여전히 규범적인 명령으로 남는다는 사실을 유추할 수 있다.

4. 불확실한 영역에서는 겸손의 원리를 사용하라

성경의 명령을 주의 깊게 살펴보았음에도 불구하고 여전히 그 명령의 성격이 원리인지 관습인지를 확신하지 못할 경우에는 어떻게 해야 하는가? 또 그런 결정을 할 수 있는 최종적인 수단이 없을 때는 어떻게 해야 하는가?

이런 경우에 도움을 줄 수 있는 것이 성경적인 겸손의 원리이다. 문제는 단순하다. 관습일 수 있는 것을 원리로 삼음으로써 하나님께 순종하려고 지나치게 신중을 기하는 잘못을 범하는 편이 더 나을까 아니면 원리일 수 있는 것을 경솔하게 관습으로 삼은 나머지 하나님의 초월적 명령을 단순히 인간 관습의 수준으로 떨어뜨리는 죄를 짓는 편이 더 나을까? 나는 이 질문에 대한 답이 분명하다고 생각한다. 만일 겸손의 원리가 앞에서 언급한 다른 지침들과 분리된다면 그 원리는 율법주의의 토대 정도로 오해되기 쉽다. 하나님께서 그리스도인의 양심을 자유롭게 해주신 경우라면 우리에게는 그 양심을 얽어맬 권리가 없다. 성경이 침묵하고 있는 곳에서는 그 원리를 절대적인 방식으로 적용할 수 없다. 모든 열의를 다해 주석 작업을 한 뒤에도 성경의 명령이 관습인지 원리인지 그 성격이 확실하지 않은 경우에만 겸손의 원리를 적용해야 한다.

신중한 주석 작업을 축소해 버리면 관습과 원리의 구별을 모호하게 만들게 된다. 겸손의 원리는 최후에 사용해야 하며 우선적으로 사용하면 파괴적인 결과를 초래할 수 있다.

문화적 제약이라는 문제는 매우 현실적인 부분이다. 시간과 장소와 언어의 장벽은 의사소통을 자주 어렵게 만든다. 하지만 문화의 장벽은 하나님의 말씀을 이해하는 것과 관련해 우리를 회의주의나 절망에 빠지게 할 만큼 심각하지는 않다. 성경이 실제로 인간의 가장 깊은 필요들에 대해 말할 수 있고, 다른 시대와 장소와 문화에 속한 모든 사람들에게 복음을 효과적으로 전달할 수 있는 특별한 능력을 드러내 보였다는 사실은 우리에게 위로가 아닐 수 없다. 문화의 장벽은 결코 하나님의 말씀의 능력을 무효화할 수 없다.

6장
성경공부를 위한 실제적 도구들

서구 사회에 사는 우리는 포스트 크리스천 시대를 살고 있다. 현대 문화에서 교회의 영향력은 엄청나게 약화되었다. 이것은 곧 그리스도인들의 영향력이 약해졌음을 의미한다. 나는 교회 갱신의 핵심 열쇠가 성인 교육에 달려 있다고 믿는다. 나는 생각이 정연하고 올바른 지식을 갖춘 수많은 그리스도인들이 우리 시대에 새로운 영향력을 행사하는 꿈을 꾼다. 하지만 우리가 지성적인 성경공부 도구들에 대해 무지하고 그것들을 제대로 활용하지 못한다면 그런 꿈은 결코 실현될 수 없다.

어떤 일꾼이든 일을 하려면 좋은 도구가 있어야 한다. 대학생들과 평신도들은 성경공부에 필요한 도구들에 관해 자주 질문한다. 어떤 번역 성경을 읽어야 하는가? 어떤 성구사전을 사용해야 하는가? 이런 질문들은 사람들이 매우 진지하게 건전한 성경공부를 하고 있음을 보여준다. 많은 사람들은 헬라어와 히브리어를 충분히 배워서 매우 중요한 학문적인 해석 도구들을 활용하는 것이 유익하다고 생각하며, 또 그다지 어렵지 않게 그런 언어들을 배운다. 성경에 대한 더 깊은 지식과 이해를 추구하는 사람들을 위해 몇 가지 제안과 도움이 될 만한 도구들을 제시하고자 한다.

번역 성경

내가 자주 받는 질문 한 가지는 "개인 성경공부를 할 때 어떤 번역 성경을 사용해야 합니까?"이다. 이것은 답하기 쉽지 않은 질문이다. 사용할 수 있는 탁월한 번역 성경들이 너무 많기 때문에 그 가운데 몇 가지를 선택하기는 매우 어렵다. 어떤 번역 성경들은 단지 문체style와 형식format만 다르기 때문에 독자가 자신의 문학적 취향에 따라 선택할 수 있다.

그럼에도 불구하고 번역 성경들 사이에 반드시 인식해야 할 몇 가지 기본적이며 주목할 만한 차이점들이 있다. 여기에는 번역을 준비할 때 채택한 절차들과 방법들의 차이가 반영되어 있다. 이러한 방법론 가운데 기본적으로 다음의 세 가지를 언급할 수 있다.

(1) 형식적 등가 번역

형식적 등가Formal equivalence란 가능한 한 헬라어(히브리어) 본문을 축자적으로 충실하게 번역하는 것이다.[27] 이 방법은 성경 원어에 대한 엄밀한 충실성을 여러 방식으로 강조한다. 명백한 문자적 정확성이 강점인 반면, 불가피하게 부자연스럽고 어색한 문체가 약점으로 나타난다. 어떤 문서를 이런 식으로 한 언어에서 다른 언어로 번역할 경우에는 번역된 문서를 읽기가 어려워지

기도 한다. 이런 번역 방법의 실례는 『새미국표준성경』*New American Standard Bible*이나 『새흠정역』New King James Version에서 찾아볼 수 있다.[28] 그러한 번역 성경들은 본문을 연구하는 데에는 매우 유용하지만 일상적으로 읽기에는 다소 어색하다.

(2) 기능적 등가 번역

기능적 등가Functional equivalence란 역동적 등가Dynamic equivalence라고도 불리며, 현대 번역 성경들이 널리 채택한 방법으로 어휘의 왜곡을 최소화하면서 최대한으로 매끄럽게 읽을 수 있는 문체를 추구하는 것이다. 사상이나 개념들은 단어들이 함께 모여 표현하는 것이므로 이 방법의 목표는 성경의 사상이나 개념들을 정확하게 번역하는 것이다. 이런 유형의 실례들은 『새개역표준성경』*Revised Standard Version*과 『새국제역』*New International Version*에서 찾아볼 수 있다.

(3) 바꾸어 쓰기/ 자유번역

바꾸어 쓰기paraphrase는 앞에서 언급한 기능적 등가 방법을 확장한 것이다. 이 방법에서는 성경을 번역할 때 개념들을 확장하고 잘 풀어서 표현한다. 성경을 바꾸어 쓰는(의역) 방법들은 다양한데, 필립스J. B. Phillips의 '번역'은 고전적인 의역의 방법을 보여준다. 역설적이게도 필립스 자신은 자신의 번역을 '의역'이라고 생각하지 않았으며, 이런 명칭을 자신의 번역에 붙이는 것에 대해 몹시 당황스러워했다. 그러나 그의 번역은 명백한 의역이다. 더 최근의 방법은 '현대화한' 의역인데, 이런 방법은 『뉴리빙역』*New Living Translation*과 『메시지』Message에서 찾아볼 수 있다.[29] 이 번역본들은 히브리어와 헬라어 성경을 기초로 작업했으며, 읽기 쉽다는 것과 현대적인 사고의 유형에 적절하게 맞추었다는 점이 매력적이다.

번역이 의역 쪽으로 흐를수록 왜곡의 위험성은 더 커진다. 많은 의역 성경들이 성경 읽기를 위한 입문서로서 유익한 역할을 한 것이 사실이지만 진지한 성경공부에는 적당하지 않다. 의역 성경들은 성경공부를 위해서는 추천할 만한 것이 못 된다. 내가 보기에 이런 방법을 채택한 의역 성경들 가운데 가장 문제가 많은 것은 『리빙 바이블』*Living Bible*이다.

영역본 성경의 역사에 대한 개관이나 각기 어떤 번역 원칙이 사용되었으며, 실제 번역 내용은 얼마나 다른지에 관하여는 리랜드 라이큰Leland Ryken이 쓴 『성경 선택』*Choosing a Bible*을 참조하라. 입문서로 제격이다.

주석 성경

성경들 중에는 여백에 주석과 각주들이 첨가된 것들이 많은데, 이것들은 대부분 참 유익하다. 여백에 제시된 고어나 관습들에 관한 설명은 성경사전을 찾는 번거로움을 덜어준다. 번역자가 본문에 첨가한 단어들을 주목할 수 있도록 이탤릭체를 사용한 것도 유용하다. 본문에 여러 가지 이문異文들이 있음을 알려주는 난외주들도 마찬가지로 매우 중요하다. 본문의 이문들은 고대 사본들 사이에 본문상의 차이가 존재한다는 것을 알려준다. 번역자는 번역할 때 본문 비평 방법에 의지해 사본들에 나타나 있는 이문들 가운데 어느 것을 택해야 할지를 결정해야 한다. 채택되지 않은 본문들을 각주에 밝혀 두면 독자들이 번역자의 결정을 이해하는 데 도움이 될 것이다.

관주는 많은 성경들이 채택하고 있는 상호 참조 방법이다. 관주가 있으면 그때그때마다 성구사전을 찾지 않고도 성경 전체에 나타나 있는 특정한 사상의 흐름을 추적할 수 있다. 성경을 공부하는 사람들이 활용할 수 있는 다양한 관주 방법들이 있다.

(1) 주석

어떤 성경들은 앞에서 언급한 것과 같은 간략한 난외주뿐 아니라 성경 구절에 대한 주석까지 제공한다. 이런 유형의 성경들 중 가장 유명한 것은 『스코필드 관주성경』*Scofield Reference Bible* 과 『새 스코필드 관주성경』*New Scofield Reference Bible*이다. 비록 나는 『개혁주의 주석 성경』*The Reformation Study Bible*의 편집자로 참여하기도 했지만, 이런 종류의 성경을 사용하려면 몇 가지 이유 때문에 고민하고 조심해야 한다고 생각한다. 내가 반대하는 주요 근거는 인간의 기억력이 취약한 데 있다. 어떤 사람이 주석 내용에 대해 비판을 한 경우 사람들이 당황하는 것을 나는 자주 보았다. 사람들은 그런 종류의 성경을 펼쳐들고 읽을 때 인쇄된 면 전체를 읽게 되는데, 그때 아마도 인쇄된 면의 4분의 3은 성경 본문이고 4분의 1은 주석 또는 난외주일 것이다. 그런데 보통 사람들은 (특히 읽은 것을 나중에 상기할 때) 성경 본문과 사람이 쓴 주석을 구분하지 못하는 경우가 너무나 많다. 본문 주석이 성경 본문과 같은 면에 나오기 때문에 독자들은 은연 중에 본문 주석에 '세례를 베푸는' 경향이 있다(본문 주석을 성경 본문 자체와 동일시하는 경향이 있다는 말이다 – 역자주).

예전에 출간된 일부 구약 성경들 중, 첫 면에 "창세기, 태초의 책, 주전 4004년"으로 인쇄된 것들이 있다. 수많은 사람들이 어셔J. Ussher(17세기의 영국 대주교 – 역자주)가 주전 4004년으로 추정한 창조 연대를 위해 목숨을 내놓을 준비가 되어 있다는 것은 놀라운 일이 아니다. 그들은 자신이 갖고 있는 성경에서 그런 연대를 읽고는 정확하다고 생각하는 것이다! 그러나 강조하건대 여기서 내가 반대하는 것은 원리적인 문제이지, 특정한 신학사상의 학파를 겨냥한 것이 아니다.

(2) 번역과 주석

어떤 의미에서 모든 번역 성경은 일종의 주석commentary이다. 모든 번역 성경은 단어들과 개념들의 의미를 결정하는 과정을 포함하고 있기 때문이다. 따라서 완벽한 번역 성경이란 결코 존재할 수 없다. 일단의 학자들이 협력하여 점검과 교정의 체계를 통해 완성한 번역 성경들조차 불가피하게 번역자들의 개인적인 또는 집단적인 편향성이 반영되어 있다. 대개 그러한 편향성은 최소한으로 제한되기 때문에 지나치게 불안해 할 필요는 없다. 하지만 독자들은 인간의 번역에 이러한 약점이 있음을 인식하고 있어야 한다.

대체로 『새 예루살렘 성경』*New Jerusalem Bible*은 탁월한 번역이지만 면밀하게 살펴보면 로마 가톨릭의 번역이라는 것을 어렵지 않게 알 수 있다. 『개역표준성경』*Revised Standard Version*은 널리 사용되고 있고 또 그럴 만한 가치가 있지만 이 성경에서 자유주의 신학의 요소들을 식별해 낼 수 있다. 또 『새 미국표준역본』*New American Standard*은 보수적인 경향이 있다. 이런 경향들이 있다고 해서 앞에서 언급한 번역 성경들을 전적으로 배격해서는 안 된다.

하지만 적어도 번역 성경들에 그런 경향들이 있음을 간과해서는 안 될 것이다.

1998년에 미 기독교전국연합회National Council of Churches of Christ의 교육 부문에서는 『개역표준성경』RSV 본문을 기본으로 하여 새로운 복음주의 번역 성경을 내놓자는 합의가 이루어졌다. 그 후에 출판팀은 『영어표준역』English Standard Version, 2001을 발간했는데, 『새국제역』NIV보다는 문자적으로 더 충실하고 『새미국표준성경』NASB보다는 자연스럽게 번역하려는 노력이 엿보였다. 하지만 이 성경이 아무리 좋다 해도 『영어표준역』ESV 역시 많은 문제점들을 안고 있다. 신약학자인 카슨D. A. Carson이 말한 것처럼, "어떤 번역도 완벽하지는 못하다."[30]

흠정역 성경

『흠정역』 성경King James Bible처럼 오랫동안 탁월한 지위를 누리면서 널리 받아들여지고 사용되어온 번역 성경의 경우, 그 영예로운 지위가 위협 받을 때 저항의 목소리가 터져 나오기 마련이다. 어떤 사람들은 『흠정역』 성경을 다른 성경으로 대치하는 것은 마귀의 짓거리와 다를 바 없다고 비난한다. 『흠정역』이 마치 축자적으로 영감을 받은 번역 성경인 것처럼 행동하는 사람도 있다.

그런 반응은 그리 놀라운 게 아니다. 『흠정역』은 오랜 시간 동안 사용되어 왔기 때문에 우리에게 소중한 것이 되었으며, 그 글귀들은 문학 작품이나 시나 찬송가에 많이 인용되었다. 많은 사람들이 『흠정역』과 함께 성장했기 때문에, 시편기자들의 시구를 다른 번역 성경으로 듣는다면 낯설게 느껴진다. 과연 『흠정역』의 장중한 표현과 언어와 문체의 장엄함에 필적할 만한 번역 성경이 존재할까? 『흠정역』을 큰 소리로 낭독하는 것을 들으면 그것은 마치 음악을 듣는 것과 같다. 이 번역 성경의 아름다움을 나만큼 사랑하는 사람도 아마 없을 것이다.

그러나 『흠정역』과 관련해서 우리는 한 가지 사실을 결코 무시할 수 없고 또 무시해서도 안 된다. 그것은 『흠정역』이 성경 본래의 본문을 제시하는 점에 있어서는 현대의 거의 모든 번역 성경들보다 정확하지 않다는 것이다. 이것을 입증할 만한 결정적인 역사적 증거가 있다. 흠정역(1611년)을 번역할 때 신약번역 대본으로 사용한 헬라어 표준 본문Textus Receptus(비잔틴 시대의 헬라어 사본들에 근거해 구성한 헬라어 본문으로 16-17세기에 표준 본문으로 받아들여졌다 – 역자주)은 최근에 구성된 현대 헬라어 본문들에 비해 명백하게 열등하다. 『흠정역』에는 본문의 오류들이 많은데, 최근에 번역된 성경들에서는 그 오류들이 제거되었다. 16세기 이후에 발견된 중요한 신약성경 사본들로 인해 원본의 본문들에 대한 우리의 지식이 크게 풍부해졌다.

이와 관련해서 한 가지 예를 들어보자. 『흠정역』에는 요한일서 5장 7절이 다음과 같이 제시되어 있다. "이는 하늘에 증거하시는 셋이 계시기 때문이니 곧 아버지와 말씀과 성령이시라. 또한 이 셋은 하나이시니라(영어직역, For there are three that bear record in heaven, the Father, the Word, and the Holy Ghost: and these three are one)." 이 구절은 명백하고 분명하게 삼위일체를 언급한다. 우리의 가슴을 떨리게 하는 이런 본문은 성경이 삼위일체 교리를 가르치지 않는다고 믿는 유니테리언 교도들Unitarians의 주장을 영원히 잠재울 수 있다.

나는 성경이 수많은 방식으로 삼위일체 교리를 가르치고 있다고 믿는다. 또한 나는 위에서 인용한 『흠정역』의 구절이 내용적으로는 참된 진술이라고 믿는다. 하지만 나는 사도 요한이 그 구절을 기록하지 않았으며, 따라서 요한일서의 원본에 등장할 자격이 없다고 확신한다. 왜 그런가? 우리가 소유하고 있는 최상의 헬라어 사본들이 압도적으로 그 구절에 대해 반대로 증언하기 때문이다. 이 구절은 초기 헬라어 사본들에는 등장하지 않는다.

만일 필사자의 주석이 성경 본문에 우연히 삽입된 경우를 지적하려 한다면 『흠정역』의 이 본문이 거기에 해당된다. 4세기의 사본들에 등장하는 이 구절은 에라스무스Erasmus가 16세기에 신약성경의 헬라어 본문을 재구성하면서 삽입한 것이다. 『새국제역』과 『영어표준역』은 요한일서 5장 7절을 "증언하는 것이 셋이니"For there are three that testify라고 더 정확하게 옮기고 있다. 만일 우리가 아름다운 번역을 찾는다면, 『흠정역』을 택해야 한다. 하지만 정확하고 순전한 번역 성경에 관심이 있다면 흠정역을 넘어서야 한다.

『새흠정역』NKJV은 내가 언급했던 『흠정역』의 문제점들에 대한 답변으로 시도된 번역이다. 『새흠정역』의 서문은 이렇게 밝힌다.

> 『새흠정역』은 1611년판 성경에서 보여준 사고의 흐름과 일치되어 있다. 독자들은 이 새로운 판에서, 단어와 구와 절을 어떻게 배치하고 선택하는가에 있어, 더욱 명확하면서도 전통에 가깝도록 노력한 흔적을 찾을 수 있다. 그리하여 두 판본 중에 어떤 성경을 낭독하더라도 무척 편안하게 들을 수 있을 것이다.

비록 『새흠정역』이 표준 본문을 주요 헬라어 본문으로 채택하고는 있지만, 각주를 통해 좀 더 다양한 현대의 헬라어 본문들을 소개하고 있다.

주석

주석은 성경을 공부하는 사람들에게 반드시 필요한 도구다. 성경을 이해하려 할 때 좋은 주석을 사용하지 않고 오직 자신의 판단에만 의지한다면 '사적 해석'의 원리를 남용하고 있는 것이다. 주석은 자신의 편견으로 성경을 읽으려는 경향을 억제하며 균형을 잡아준다.

일반 성경 독자들이 사용할 수 있는 주석들은 매우 다양하다. 성경 전체를 포괄하는 단권 주석에서부터 성경의 각권에 대한 매우 전문적인 주석에 이르기까지, 또한 간단한 주해로부터 차원 높은 비평적인 주석에 이르기까지 그 폭이 매우 넓다.

(1) 성경 전체에 대한 단권 주석

단권 주석은 가격이 저렴하다는 장점이 있다. 이런 종류의 단권 주석을 구입하면 주석 한 질을 사는 데 드는 비용을 대폭 절감할 수 있다. 반면 이런 주석의 단점은 주석의 내용이 너무 간결하고 짧다는 것이다. 대체로 본문에 대한 설명이 너무 간결해서 이런 주석으로는 심도 있는 분석을 얻을 수 없다. 이런 주석을 구입하려면 한 사람이 저술한 것보다 여러 학자들이 함께 참여해 저술한 것을 선택하는 편이 현명하다. 한 개인은, 성경 각권에 대해 특별한 전문 지식을 갖춘 사람들이 함께 저술한 주석보다는 성경 전체에 대해 좋은 주석을 쓸 수 없기 때문이다. 단권 성경 주석들에서 내가 선호하는 것은 IVP가 출간한 『새성경 주석』The New Bible Commentary이다.

(2) 주석집

학문적인 깊이가 다른 주석집들이 많이 출간되었는데, 초보적인 수준의 주석집들로는 『해설자 성경주석』Expositor Bible Commentary, 『틴데일 신구약 주석 시리즈』Tyndale Old Testament and New Testament series, 『BST 주석 시리즈』The Bible Speaks Today, 『바클레이의 신약성경주석』Barclay Commentaries of the New Testament을 꼽을 수 있다. 나는 이것들 중 바클레이의 주석은 추천하고 싶지 않다. 그의 주석들은 읽기가 매우 쉽고 뛰어난 예증 자료들이 가미되어 있기 때문에 평신도들 사이에 인기가 높다. 하지만 그의 주석들은 성경관에 문제가 있으며, 그리스도의 인격과 사역의 초자연적인 요소들을 자연적으로 설명하는 경향이 있다. 신약성경에 나타나 있는 기적들을 종종 이성적으로 '설명해 버리며' 그 메시지를 희석시킨다.

학문적으로 보다 깊이가 있는 것들로는 『새 국제 주석』New International Commentary, 『앵커 성경주석』Anchor Bible Commentary, 『말씀 성경주석』Word Biblical Commentary, 『새 국제 헬라어본문 주석』New International Greek Test Commentary, 『해석 주석』Interpretation Commentary 등을 꼽을 수 있다. 이것들 가운데 가장 보수적인 주석은 『새 국제 주석』이며

가장 진보적인 주석은 『해석 주석』이다.

(3) 낱권 주석 시리즈

주석집을 구입하는 것보다 더 좋은 방법은 성경학자 개인이 집필한 낱권 주석들을 사 모으는 것이다. 이렇게 하면 비용이 가장 많이 들지만 보상은 가장 크다. 어떤 주석 시리즈든지 그 중에는 수준이 떨어지는 부분도 끼어 있게 마련이기 때문이다. 따라서 주석을 선별해서 구입해야 뛰어난 주석들을 소장할 수 있다. D. A. 카슨은 신약 주석들에 관하여 탁월한 참고서인 『신약 주석 개관』*New Testament Commentary Survey*을, 트렘퍼 롱맨 3세는 이와 비슷한 책인 『구약 주석 개관』*Old Testament Commentary Survey*을 썼다. 낱권 주석들을 선택하는 데 도움을 주는 안내서로 이 책들을 적극 추천한다.

성구사전, 성경사전, 지도

모든 평신도들의 '도구 상자'에는 적어도 좋은 성구사전 한 권과 좋은 성경사전 한 권, 그리고 좋은 성경 지도책이 포함되어 있어야 한다. 아래에 제시하는 성구사전들은 매우 뛰어나다.

- *The Concise Concordance to the New Revised Standard Version* by John R. Kohlenberger
- *The Crossway Comprehensive Concordance of the Holy Bible, English Standard Version* by William D. Mounce
- *The Message Three-way Concordance* by Eugene Peterson
- *NIV Exhaustive Concordance* by Edward W. Goodrick and John R. Kohlenberger
- *The NKJV Concordance* by Thomas Nelson Publishers
- *NLT Comprehensive Concordance* by James A. Swanson and Patrick LaCosse
- *Strong Exhaustive Concordance to the Bible* (KJV) by James Strong

다음은 뛰어난 성경사전 및 백과사전들이다.

- *Anchor Bible Dictionary* (6 vols.), ed. by David Noel Freedman
- *Holman Illustrated Bible Dictionary* by Trent C. Butler
- *International Standard Bible Encyclopedia* (4 vols.), ed.

Geoffrey W. Bromiley

- *Nelson's New Illustrated Bible Dictionary* by Ronald F. Youngblood
- *New Bible Dictionary*, ed. D. R. W. Wood et al.
- *Zondervan Pictorial Bible Encyclopedia* (5 vols.), ed. J. D. Douglas and Merrill C. Tenney

다음은 매우 유용한 성경 지도책들이다.

- *Baker Bible Atlas*, ed. Charles F. Pfeiffer
- *Holman Bible Atlas*, ed. Thomas C. Brisco
- *The Macmillan Bible Atlas*, ed. Yohanan Aharoni et al.
- *The Moody Atlas of Bible Lands*, ed. Barry Beitzel
- *New Bible Atlas*, ed. John J. Bimson et al.
- *Oxford Bible Atlas*, ed. Adrian Curtis

단어 연구서

성경 해석을 위한 〈규칙 5번〉에서는 단어의 의미를 파악하는 것의 중요성에 대해 말한 바 있다(4장을 보라). 시중에는 성경 본문에 쓰인 단어의 이해를 돕기 위해 마련된 훌륭한 자료들이 많이 있다.

- *The Complete Word Study Dictionary of the New Testament* by Spiros Zodhiates
- *New International Dictionary of New Testament Theology* (4 vols.), ed. Colin Brown
- *New International Dictionary of Old Testament Theology* (5 vols.), ed. William A. Van Gemeren
- *Theological Dictionary of the New Testament* (10 vols.), ed. Gerhard Kittel and Gerhard Friedrich (한 권짜리 축약본도 나와 있다.)
- *Theological Wordbook of the Old Testament* (2 vols.), ed. Gleason Archer, R. L. Harris and Bruce Waltke
- *Vine Expository Dictionary of Old and New Testament Words* by W. E. Vine, ed. M. Unger and W. White Jr.

외국어 번역 성경

만일 한 가지 이상의 외국어를 알고 있다면 그 지식으로 성경공부에 활용할 수 있다. 성경을 외국어 번역으로 읽으면 영어가 제대로 포착하지 못하는 미묘한 의미 차이를 느낄 수 있다. 관용구의 번역과 관련해서 외국어 지식은 특별히 유용하다. 많은 미국인들은 적어도 라틴어에 대한 초보적인 지식을 갖고 있다. 성경을 읽을 때 짧은 라틴어 지식도 활용할 수 있다는 사실에 많은 사람들이 놀란다. 라틴어 번역 성경들은 매우 정확한 편이다. 우리에게 라틴어 지식이 있으면 헬라어와 라틴어 본문들 사이의 관계를 살펴볼 수 있을 뿐 아니라 영어에 편입된 단어들의 라틴어 어근을 살펴볼 수도 있다.

헬라어와 히브리어

누구라도 고대 언어들, 특히 히브리어와 헬라어에 겁을 집어먹는 경향이 있다. 두려움을 갖는 중요한 요인들 중 하나는 두 언어가 낯설기 때문이다. 히브리어와 헬라어 문자의 생소한 모양에 친숙하지 않기 때문에 처음 볼 때 "도무지 무슨 말인지 모르겠다"는 식으로 반응한다. 하지만 성경공부를 풍성하게 해줄 정도의 지식을 원한다면 우리는 비교적 쉽게 이 언어들을 익힐 수 있다.

성경공부 기술들을 향상시키는 데 도움을 주는 한 가지 실례로 헬라어를 간단히 살펴보자. 특별한 연구를 위해 사용할 정도로 헬라어를 완전하게 익힐 필요는 없다는 것을 잊지 말라. 우리는 단지 신약성경을 읽을 수 있는 능력을 갖추려는 것뿐, 모든 헬라어 문헌을 읽으려는 것이 아니다. 따라서 헬라어를 익히는 것은 비교적 단순하며, 이 일을 쉽게 만들어주는 많은 도구들이 이미 준비되어 있다. 이 도구들에는 다음과 같은 것들이 포함된다.

(1) 행간 번역

행간 번역interlinear translation은 신약성경의 헬라어 본문 아래에 그 본문에 대한 영어 번역을 함께 제시한 책이다. 이것은 독자에게 헬라어 본문이 어떻게 우리말로 번역되는지를 한눈에 보여준다.

(2) 메쯔거의 헬라어 단어집

프린스턴 신학교의 브루스 메쯔거Bruce Metzger 교수는 신약성경 헬라어를 배우는 학생들에게 꼭 필요한 매우 유익한 책을 집필했다. 헬라어를 배워야 하는 모든 신학생들은 이 책에 대해 틀림없이 메쯔거 교수에게 감사할 것이다. 메쯔거의 작은 책 『신약 헬라어 어휘사전』*Lexical Aids for Students of New Testament Greek*은 인터넷 서점이나 대부분의 신학교 서점에서 구입할 수 있다. 저자는 신약성경에서 열 번 이상 등장하는 대략 1,000개의 단어들을 이 책에 분류해 놓았다. 몇 주 동안만 열심히 공부하면 이 헬라어 단어들을 쉽게 익힐 수 있고 헬라어 성경 어휘들에 대한 지식을 갖출 수 있다. 이 책은 헬라어 어휘를 익히는 데 드는 수고를 크게 덜어주며, 이 책을 사용하는 사람들을 결코 실망시키지 않을 것이다.

(3) 헬라어 문법서

일반 독자들에게 매우 적절하면서도 사용하기에 용이한 좋은 헬라어 문법서들이 많다. 그런 책들 가운데서 가장 유명한 것은 그레샴 메이첸J. G. Machen의 『신약 헬라어 입문』*Introduction to the Greek New Testament*이다. 좀 더 최근의 헬라어 문법서로는 윌리엄 마운스William D. Mounce가 쓴 『성경 헬라어 기초』*Basics of Biblical Greek*가 있다. 또한 성경 헬라어 학습에 도움이 되는 소프트웨어도 있는데 파슨 테크놀로지 사의 '헬라어 튜터 멀티미디어'*Greek Tutor Multimedia* 시디롬이 그런 종류이다.

(4) 헬라어 사전

헬라어 글자체와 알파벳을 아는 사람들은 누구나 신약성경 헬라어 사전들을 사용할 수 있다. 헬라어 사전을 사용하면 적은 노력으로도 많은 것을 얻을 수 있다. 보통의 지적인 능력을 갖춘 사람이라면 몇 시간 안에 헬라어 알파벳을 익힐 수 있다. 알파벳을 아는 사람에게는 헬라어 사전과 같은 전적으로 새로운 분야의 도구들이 열리는 것이다.

최상의 표준 헬라어 사전은 월터 바우어Walter Bauer가 쓰고 프레드릭 댄커Frederick Danker가 편집한 『신약과 초기 기독교 문헌에 나타난 헬라어 사전』*A Greek-English Lexicon of the New Testament and other Early Christian Literature*이다. 이것보다 더 저렴하고 간결한 것으로는 조셉 세이어Joseph Thayer가 쓴 『세이어 신약 헬라어-영어 사전』*Thayer's Greek-English Lexicon of the New Testament*을 들 수 있다. 앞에서 언급한 대로, 헬라어 알파벳을 아는 사람들이 사용할 수 있는 모든 도구들 가운데 가장 유용한 것은 키텔의 『신약신학사전』이다.

(5) 그 밖의 도구

그 밖의 헬라어 도구들로는 헬라어 신약성경 본문과 칠십인역성경 본문의 분해 사전과 주제별 성구사전이 있다.

헬라어와 마찬가지로 히브리어를 위한 도구들도 활용할 수 있다. 유용한 히브리어 도구들은 다음과 같다.

(1) 히브리어 단어 빈도 목록

마일즈 반 펠트Miles V. Van Pelt와 게리 프래티코Gary D. Pratico의 『성경 히브리어 단어 가이드』*The Vocabulary Guide to Biblical Hebrew*는 히브리어

를 공부하는 학생들에게 도움이 되는 히브리 단어들의 목록을 정리했다.

(2) 히브리어 문법서

히브리어 문법서들 가운데는 게리 프래티코와 마일즈 반 펠트의 『성경 히브리어 기초』*Basics of Biblical Hebrew*가 유용하다. 또한 성경 헬라어 학습에 도움이 되는 소프트웨어로는 파슨 테크놀로지 사의 '히브리어 튜터 멀티미디어'*Hebrew Tutor Multimedia* 시디롬이 있다.

(3) 히브리어 사전

평신도들이 사용할 수 있는 히브리어 사전들에는 프랜시스 브라운Francis Brown, S. R. 드라이버Driver, 찰스 브릭스Charles A. Briggs가 함께 편찬한 『구약 히브리-영어 어휘집』*Hebrew and English Lexicon of the Old Testament*과 테리 암스트롱Terry A. Armstrong, 더글라스 버스비Douglas L. Busby, 시릴 카Cyril F. Carr의 『독자들을 위한 구약 히브리-영어 어휘집』A *Reader Hebrew-English Lexicon of the Old Testament*이 있다.

(4) 히브리어 성경

『비블리아 헤브라이카 슈투트가르텐시아』*Biblia Hebraica Stuttgartensia*는 우리가 입수할 수 있는 최상의 히브리어 성경이다.

성경을 공부할 때 이런 도구들을 능숙하게 사용할 수 있다면 더 풍성한 결실을 얻을 수 있다. 위에서 언급한 도구들이 오직 학자들에게만 적합하다는 말은 어처구니없는 신화에 지나지 않는다. 물론 학자들은 그런 도구들을 더 전문적으로 사용할 수 있겠지만 평신도에게도 그 도구들은 유익하다. 망치를 잘 사용하는 법을 배우기 위해 반드시 전문적인 목수가 되어야 하는 것은 아닌 것과 같다.

성경 소프트웨어

내가 『성경을 아는 지식』을 처음 썼던 1970년대에는 정부와 대학, 그리고 대규모 회사들에만 컴퓨터가 있었다. 하지만 지금 서구 사회에는 모든 가정마다 한 대 이상의 개인 컴퓨터가 보급된 상태다. 심지어 오늘날의 휴대전화에 담긴 연산능력이 예전의 방 크기만 했던 기계보다 뛰어날 정도다. 이러한 놀라운 발전과 함께 찾아온 기술혁명으로 우리의 성경 연구를 돕는 소프트웨어들이 많이 있다.

이번 장에 소개된 성경 연구 도구들은 모두 성경 소프트웨어로도 만나볼 수 있다. 영어 및 외국어 성경 번역본, 주석서, 성경 사전, 백과사전 및 지도, 헬라어와 히브리어 성경 본문은 물론이고 빈도 목록, 문법서 및 어휘사전 등도 가능하다. 그리고 이런 소프트웨어 안에 있는 검색 기능은 놀랍도록 빨리 관련 성구들을 찾아준다. 이와 관련된 유명한 소프트웨어들을 몇 가지 소개하자면 다음과 같다.

- *Accordance Bible Software* by OakTree Software 〈www.accordancebible.com〉
- *BibleWorks* by BibleWorks 〈www.bibleworks.com〉
- *Logos Bible Software* by Logos Research Systems 〈www.logos.com〉
- *PC Study Bible by BibleSoft* 〈www.biblesoft.com〉
- *WORDsearch* by WORDsearch Corp 〈www.wordsearchbible.com〉

돈을 주고 구입해야 하는 성경 소프트웨어와는 달리 인터넷에서 무료로 구할 수 있는 연구 자료들도 많으며 매일 새롭게 추가되고 있다. 성경 공부에 도움이 되는 몇몇 온라인 주소들을 여기 소개한다.

- 바이블게이트웨이Biblegateway.com. 여러 종류의 영어 번역본 및 기타 언어로 된 성경 역본을 볼 수 있다. 키워드 검색,

주제별 색인 및 『IVP 새성경주석』의 내용을 기초로 신약 주석을 제공한다.

- 크로스워크Crosswalk.com의 성경 연구 도구. 이 웹사이트에서는 대부분의 유명한 영어 성경 번역본을 제공한다. 이와 함께 일반에 무료로 공개된 주석이나 사전, 백과사전, 어휘사전 등을 이용할 수 있다.
- 잭 후버트가 운영하는 헬라어 소생 프로젝트www.zhubert.com. 여러 영어 번역본들과 함께 헬라어 신약을 검색할 수 있고, 개별적인 단어에 담긴 뜻과 용례를 더 깊이 연구할 수 있도록 갖가지 도움을 제공한다.

초보자를 위한 성경읽기 프로그램

새해를 맞이할 때마다 기독교 공동체 안에서 수많은 사람들이 성경을 읽겠노라고 결심하지만 그 결심을 제대로 이행하는 사람들은 많지 않다. 우리는 성경을 통독하겠다고 거듭 다짐한다. 하지만 신앙을 고백하는 대다수의 그리스도인들이 성경을 한 번도 통독하지 못했다는 것은 여전히 변함없는 사실이다. 신약성경을 통독한 사람들은 많지만 구약성경을 통독한 사람들은 거의 없다.

왜 그리스도인들은 성경읽기와 성경공부를 힘들어 하는가? 단지 열심이나 헌신이 결핍되어 있기 때문인가? 물론 이것도 문제의 일부이며, 그 결과 많은 그리스도인들이 반드시 해야 할 일을 하지 않았다는 식의 상당한 죄책감을 갖고 있다. 하지만 나는 이것이 열심의 문제라기보다 방법의 문제라고 생각한다.

우리는 단단히 결심을 하고는 창세기부터 열심히 읽기 시작한다. 창세기는 성경 역사의 토대에 관한 중요한 정보를 제공하고 족장들에 관한 역사적 내러티브들로 구성되어 있기 때문에 술술 읽힌다. 여기까지는 좋다. 그리고 출애굽기에는 모세의 위업과 애굽의 폭정에서 벗어난 이스라엘의 해방에 관한 역사적 드라마가 가득 담겨 있다. 세실 드밀Cecil B. DeMille과 찰턴 헤스턴이 주연한 영화 〈십계〉 때문에 수많은 사람들이 출애굽의 사건들과 친숙하게 되었다. 출애굽기 다음에는 레위기가 등장한다. 여기서부터 독자들의 흥미가 급격히 감소하기 시작한다. 힘들게 레위기를 통과한 사람들 가운데 많은 숫자가 민수기에 이르러 두 손을 들고 만다. 소수의 끈질긴 사람들만이 신명기까지 모두 읽고, 강한 인내심을 가진 소수만이 구약성경을 통독한다.

실제로 나는 구약성경의 처음 다섯 권을 읽은 사람들 중 다수가 성경을 통독한다는 사실을 발견했다. 레위기와 민수기에서 수렁에 빠진 사람들 대부분은 구약성경을 통독하는 데 실패한다. 이유는 분명하다. 그 책들은 이스라엘을 조직화하는 것에 관한 세세한 문제들을 다룰 뿐 아니라 이와 관련한 판례법의 기다란 목록을 담고 있기 때문에 많은 부분이 우리에게 낯설고, 따라서 성경 읽기를 어렵게 만드는 것이다.

하지만 이 다섯 권에 담긴 정보는 구속사라는 주제를 이해하는 데 매우 중요하다. 신약성경을 정확하게 이해하는 일도 이 책들을 얼마나 제대로 이해했는가 여부에 달렸다. 실제로 성경의 큰 그림을 전반적으로 잘 파악하고 나면 대개는 레위기와 민수기가 매혹적이며 매우 흥미롭다는 것을 알게 된다. 그러나 성경 전체를 이해하지 못하면 세부적인 내용들이 그다지 관련이 없는 것처럼 보인다.

여기서 나는 성경을 읽을 때 많은 사람들이 직면하는 그런 어려움을 극복하고 성경 통독의 목표를 성취할 수 있는 대안적인 방안을 제안하고자 한다. 다음 순서로 성경을 읽어보라.

- 창세기: 창조와 타락, 족장의 역사에 등장하는 언약
- 출애굽기: 이스라엘의 해방과 하나님 백성의 형성
- 여호수아: 약속의 땅에 대한 정복 전쟁
- 사사기: 지파 연합에서 왕정으로의 전환
- 사무엘상: 사무엘과 사울, 다윗 왕조의 출현
- 사무엘하: 다윗의 통치와 이스라엘의 황금기
- 열왕기상: 솔로몬의 통치와 왕국의 분열

- 열왕기하: 이스라엘의 타락과 선지자들의 출현
- 에스라: 유형지로부터의 귀환
- 느헤미야: 예루살렘의 재건

위의 책들을 읽은 뒤에는 다음을 읽어라.

- 아모스와 호세아: 대표적인 소선지서
- 예레미야: 대표적인 대선지서
- 전도서와 아가: 지혜 문학
- 시편과 잠언: 히브리 시가서

이 목록대로 성경을 읽으면 구약성경을 개관하고 구약성경을 이해하는 데 필요한 체계를 세울 수 있다. 이 목록은 구약성경의 뼈대에 해당하는 책들이다. 이 책들과 함께 다음에 소개할 신약성경의 뼈대에 해당하는 책들을 모두 읽은 뒤에 남은 책들을 읽으면 그것에 힘줄과 살을 입힐 수 있다. 다음은 신약성경의 뼈대에 해당하는 책들의 목록이다.

- 누가복음: 예수님의 삶과 가르침
- 사도행전: 초기 교회의 역사
- 에베소서: 바울의 가르침에 대한 입문서

- 고린도전서: 교회의 삶에 관한 가르침
- 베드로전서: 베드로 입문서
- 디모데전서: 목회서신에 대한 입문서
- 히브리서: 그리스도론
- 로마서: 바울 신학

구약성경의 목록과 마찬가지로 이 목록대로 신약성경을 읽으면 신약성경의 구성요소들과 친숙해질 수 있다. 이렇게 읽고 난 뒤에 다시 뒤로 돌아가서 나머지 책들을 읽으면 뼈대 위에 힘줄과 살을 입힐 수 있다.

여기서 자기 훈련의 동력을 이해하는 것이 중요하다. 자기 훈련은 다른 사람을 통해 훈련을 받을 때 더 쉽게 이루어질 수 있다. 따라서 성경읽기를 위한 이런 초보적인 프로그램을 제대로 끝내려면 다른 사람에게 전체 과정을 감독해 달라고 부탁하는 것이 현명하다. 교회의 성경읽기 프로그램에 참여하는 것도 도움이 될 것이다.

결론

서구 사회에 사는 우리는 포스트 크리스천 시대post-Christian era를 살고 있다. 현대 문화에서 교회의 영향력은 엄청나게 약화되었다. 이것은 곧 그리스도인들의 영향력이 약해졌음을 의미한다. 나는 교회 갱신의 핵심 열쇠가 성인 교육에 달려 있다고 믿는다. 나는 생각이 정연하고 올바른 지식을 갖춘 수많은 그리스도인들이 우리 시대에 새로운 영향력을 행사하는 꿈을 꾼다. 하지만 우리가 지성적인 성경공부 도구들에 대해 무지하고 그것들을 제대로 활용하지 못한다면 그런 꿈은 결코 실현될 수 없다. 나는 이 책이 그러한 노력을 격려하는 하나의 도구가 되기를 간절히 소망한다.

미주

1장. 왜 성경을 공부하는가?

1) Chicago Statement on Biblical Hermeneutics, article 24, www.origins.org/articles/00site_chicago.html

2) John Stott, *Your Mind Matters, IVP Classics* (Downers Grove, Ill.: IVP Books, 2006), p. 14.

2장. 개인 성경공부와 사적 해석

3) Daniel Radosh, "A publishing Miracle," *The Week*, April 11, 2008, p. 44; and Brittani Hamm, "Poll: Bible Is America Favorite Book," *USA Today*, April 22, 2008. www.usatoday.com/news/religion/2008-04-22-bible-favorite-book_n.htm

4) Council of Trent, fourth session, "Decree Concerning the Edition and Use

of Sacred Books," in *Creeds of the Churches*, ed. John H. Leith, 3rd ed. (Atlanta: John Knox, 1982).

5) Martin Luther, "Preface to the Wittenberg Edition of Luther German Writings," in *Martin Luther Basic Theological Writings*, ed. Timothy F. Lull (Minneapolis: Augsburg Fortress, 1989), p. 63.

6) Second Helvetic Confession, chap. 2, *Creeds of the Churches*, ed. John H. Leith, 3rd ed. (Atlanta: John Knox, 1982).

7) Augsburg Confession, sect. 14, *Creeds of the Churches*, ed. John H. Leith, 3rd ed. (Atlanta: John Knox, 1982).

8) *Second Helvetic Confession*, chap. 18.

3장. 해석학 : 해석의 과학

9) 엄격한 혹은 관대한 해석주의 관점에 대해서는 인터넷 백과사전 위키피디아에서 각각 다음 단어로 검색해보면 더욱 자세히 알 수 있다. 엄격한 해석주의: strict constructionism, originalism. 관대한 해석주의: broad-constructionism, living constitution, judicial activism.

10) 위키피디아에서 "Oliver Wendell Holmes Jr."로 검색해보라.

11) Craig A. Evans, *Fabricating Jesus: How Modern Scholarship Distorts the Gospels* (Downers Grove, Ill.: InterVarsity Press, 2006), p. 46.

12) "The Sacrament of the Body and Blood of Christ- Against the Fanatics," in *Martin Luther Basic Theological Writings*, ed. Timothy F. Lull (Minneapolis:

Augsburg Fortress, 1989), pp. 314-15.

13) "Concerning the Letter and the Spirit," in *Martin Luther Basic Theological Writings*, ed. Timothy F. Lull (Minneapolis: Augsburg Fortress, 1989), pp. 80-81.

14) Chicago Statement on Biblical Hermeneutics, article 7. www.origins.org/articles/00site_chicago.html

15) Chicago Statement on Biblical Hermeneutics, article 2.

4장. 성경 해석을 위한 실제적 규칙들

16) R. C. Sproul, *Scripture Alone: The Evangelical Doctrine* (Phillipsburg, N.J.: P&R Publishing, 2005), p. 169.

17) Chicago Statement on Biblical Hermeneutics, article 5. www.origins.org/articles/00site_chicago.html

18) Martin Luther, "A Brief Instruction on What to Look for and expect in the Gospels," in *Martin Luther Basic Theological Writings*, ed. Timothy F. Lull (Minneapolis: Augsburg Fortress, 1989), p. 108.

19) Red-letter Christians: Tony Campolo, "What a Red-Letter Christian?" Beliefnet. www.beliefnet.com/story/185/story_18562_1.html

20) Martin Luther, "Luther Final Answer," in *Documents of the Christian Church*, ed. Henry Bettensen, 2nd ed. (New York: Oxford University Press, 1976), p. 200.

21) Gregory K. Beale, *We Become What We Worship* (Downers Grove, Ill.: IVP Academic, 2008).

22) Martin Luther, "Concerning the Letter and the Spirit," in *Martin Luther Basic Theological Writings*, ed. Timothy F. Lull (Minneapolis: Augsburg Fortress, 1989), p. 81.

23) Martin Luther, "Table Talks," in *Martin Luther: The Best from All His Works*, ed. Stephen Rost (Nashville: Thomas Nelson, 1989), pp. 277-78.

24) James W. Sire, *Scripture Twisting* (Downers Grove, Ill.: InterVarsity Press, 1980), pp. 14-15.

25) Luther, "Table Talks," p. 276.

5장. 문화와 성경

26) Grant R. Osborne, *The Hermeneutical Spiral*, 2nd ed. (Downers Grove, Ill.: InterVarsity Press, 2006), pp. 476, 480.

6장. 성경공부를 위한 실제적 도구들

27) 형식적/기능적 등가번역에 관한 자세한 내용은 다음을 참조하라. D. A. Carson, *The Inclusive Language Debate* (Grand Rapids: Baker, 1998), pp. 70-71.

28) NKJV가 형식적 등가 번역 방식을 취한 것에 관하여는 다음을 참조하라. "Complete Equivalence in Translation" in the preface to the NKJV. www.bible-researcher.com/nkjv.html

29) 『메시지』가 의역 방식을 취한 것에 관하여는 다음을 참조하라. "Is the Message a Translation or Paraphrase?" NavPress. www.navpress.com/Message/HistoryAndFaqs/#05

30) D. A. Carson, *The Inclusive Language Debate* (Grand Rapids: Baker, 1998), p. 68.

성경을 아는 지식

초　판 1쇄 발행 / 2005년 11월 25일
개정1판 1쇄 발행 / 2009년 2월 19일
개정2판 1쇄 발행 / 2018년 9월 17일
개정2판 2쇄 발행 / 2021년 9월 10일

지은이 / R. C. 스프라울
옮긴이 / 길성남
펴낸이 / 신은철
펴낸곳 / 좋은씨앗
출판등록 / 제4-385호(1999. 12. 21)
주소 / 서울시 서초구 바우뫼로 156, 402호
전화 / (02)2057-3041　팩스 / (02)2057-3042
홈페이지 / www.gsbooks.org
페이스북 / facebook.com/goodseedbook

ISBN 978-89-5874-306-4　03230

Knowing Scripture
by R. C. Sproul